CAMINHOS E DESCAMINHOS
DA ESTABILIZAÇÃO

Affonso Celso Pastore

CAMINHOS E DESCAMINHOS DA ESTABILIZAÇÃO

Uma análise do conflito fiscal-monetário no Brasil

PORTFOLIO
PENGUIN

Copyright © 2024 by Affonso Celso Pastore

A Portfolio-Penguin é uma divisão da Editora Schwarcz S.A.

PORTFOLIO and the pictorial representation of the javelin thrower are trademarks of Penguin Group (USA) Inc. and are used under license.
PENGUIN is a trademark of Penguin Books Limited and is used under license.

Grafia atualizada segundo o Acordo Ortográfico da Língua Portuguesa de 1990, que entrou em vigor no Brasil em 2009.

CAPA Carlos di Célio
GRÁFICOS Affonso Celso Pastore, com a colaboração de Fernando Pellegrini, Matheus Ajznberg e Paula Magalhães
ADAPTAÇÃO DOS GRÁFICOS Priscila Tioma
PREPARAÇÃO Julia Passos
ÍNDICE REMISSIVO Probo Poletti
REVISÃO Clara Diament e Luíza Côrtes

Dados Internacionais de Catalogação na Publicação (CIP)
(Câmara Brasileira do Livro, SP, Brasil)

Pastore, Affonso Celso, 1939-2024.
　　Caminhos e descaminhos da estabilização : Uma análise do conflito fiscal-monetário no Brasil / Affonso Celso Pastore. — 1ª ed. — São Paulo : Portfolio-Penguin, 2024.

　　Bibliografia.
　　ISBN 978-65-5424-031-4

　　1. Crise econômica 2. Crise financeira global, 2008-9 3. Crises financeiras – Brasil 4. Crises financeiras – História 5. Política monetária I. Título.

24-200067　　　　　　　　　　　　　　　　CDD-330.981

Índice para catálogo sistemático:
Brasil : Economia　330.981

Cibele Maria Dias – Bibliotecária – CRB-8/9427

Todos os direitos desta edição reservados à
EDITORA SCHWARCZ S.A.
Rua Bandeira Paulista, 702, cj. 32
04532-002 — São Paulo — SP
Telefone: (11) 3707-3500
www.portfolio-penguin.com.br
atendimentoaoleitor@portfoliopenguin.com.br

SUMÁRIO

Prefácio — Ilan Goldfajn   7
Introdução   11
1. Duas experiências com a âncora cambial   21
2. O longo caminho rumo às metas de inflação e flutuação cambial   55
3. A consolidação do regime do "tripé da política macroeconômica"   84
4. A crise financeira global de 2008 e a crise fiscal na Europa   117
5. Mudanças de rumo   145
6. A pandemia e os limites das políticas fiscal e monetária   176

Epílogo   207

Agradecimentos   213
Notas   215
Referências bibliográficas   227
Índice remissivo   235

PREFÁCIO

Ilan Goldfajn

ESCREVER O PREFÁCIO DESTE LIVRO é um verdadeiro privilégio. Por várias razões. A primeira delas é o autor.

Affonso Celso Pastore foi o maior representante e promotor da análise científica de políticas econômicas, do uso de evidências para avaliarmos, aprendermos e implementarmos ideias e reformas que possam beneficiar as sociedades às quais servimos.

Ele esteve sempre à frente de seu tempo no Brasil, desde os primeiros anos na USP. De certa forma, antecipou-se também à agenda global. O foco no impacto e na efetividade do desenvolvimento, e também no uso da evidência empírica para a avaliação de resultados, faz parte da atual agenda de reformas de bancos multilaterais — e é, hoje, um dos meus esforços principais como presidente do Banco Interamericano de Desenvolvimento.

A ênfase de Pastore no rigor científico para o estudo de políticas econômicas permeia este livro.

A segunda razão é o tema. O objetivo desta obra é examinar, em uma perspectiva histórica, como chegamos ao atual regime de política econômica e quais foram os caminhos e descaminhos do processo.

Aqui, Pastore analisa o chamado "tripé macroeconômico" aplicado nas últimas décadas no Brasil — após muitas experimentações e erros — mas cujas raízes e elementos de sucesso o precedem, como os leitores poderão observar logo nos primeiros capítulos.

O tripé da política macroeconômica vem sendo adotado com sucesso por vários governos no Brasil, mas também na América Latina e no resto do mundo. Cresce o consenso sobre a necessidade de manter a inflação baixa por meio de um banco central independente, de utilizar o câmbio flutuante como mecanismo para a absorção de choques e regulação do balanço de pagamentos e de garantir a responsabilidade fiscal para promover a sustentabilidade macroeconômica. Esse entendimento está alcançando uma estabilidade que nos permite concentrar esforços em fatores fundamentais, como políticas de redução da pobreza, provisão de bens públicos — saúde e educação, por exemplo — e medidas de combate aos efeitos da mudança climática, além de incentivos à inovação e ao crescimento da produtividade.

Um regime econômico que se mantém de um governo para o outro proporciona continuidade e estabilidade institucional, que é o maior atrativo de investimentos, fluxos de capital e talentos que podem melhorar a produtividade e gerar os recursos necessários para ações como atendimento social e oferta de bens públicos locais e globais.

Pastore mostra magistralmente que a construção de uma política econômica não é linear: existem retrocessos, com diversas idas e vindas.

PREFÁCIO

A institucionalização do regime atual passou por uma longa busca pelo melhor mecanismo de controle inflacionário — após um período sombrio de altas taxas de inflação, difícil transformação do sistema cambial fixo e administrado para flutuante — e pelo contínuo esforço para alcançar sustentabilidade fiscal.

Tenho orgulho de ter acompanhado e contribuído profissionalmente para a construção desse regime. Nas minhas "vidas passadas", como acadêmico e atuante no setor privado; mais tarde, como diretor e, posteriormente, presidente do Banco Central do Brasil.

Vivi experiências ricas cujas memórias vêm à tona com a leitura do livro. Assumi como diretor do Banco Central na virada do século, apenas um ano após a flutuação cambial e a introdução das metas de inflação. Foram anos de construção do regime, no qual se estabeleceram tanto os objetivos — velocidade das metas para desinflação — quanto o grau de flexibilidade e credibilidade de que o Brasil precisava. Mas também foram anos de consolidação, na medida em que o regime conseguia se mostrar resiliente aos diversos choques enfrentados pela economia.

A consolidação do arcabouço fiscal foi fundamental durante a minha volta ao Banco Central em 2016, dessa vez como presidente. Outro choque levara a inflação para quase 11% em 2015 e precisávamos acreditar no regime de metas, no contexto do tripé macroeconômico, para baixá-la em torno de 3% em 2017 e mantê-la próxima da meta em 2018, o que nos permitiu reduzir a taxa Selic de 14,25% para 6,5%.

A terceira razão do privilégio de escrever este prefácio é a qualidade. O livro é uma obra de arte. Não é fácil combinar experiência prática e anos no debate público com conhecimento científico e acadêmico num livro que nos transporta através de décadas de história e políticas econômicas, colhendo lições que servem para olharmos o futuro de outra forma.

Um regime de política econômica cujo sucesso o fez transpassar diferentes governos precisa ter sua história contada para que seja reforçado e trabalhado continuamente, evitando cair na frequente tentação das soluções fáceis e de curto prazo. Assim vejo a maior contribuição deste livro, que recomendo fortemente, e que tem todos os elementos para se tornar um clássico econômico.

INTRODUÇÃO

DEPOIS DE UMA LONGA HISTÓRIA de inflações crescentes e de sucessivos fracassos dos "planos heterodoxos", aprendemos que o controle da inflação requer uma âncora nominal, que desde 1999 vem sendo exercida pela política monetária organizada no regime de metas de inflação e de câmbio flutuante. Também aprendemos que, para cumprir o mandato de manter a inflação na meta, o Banco Central precisa ter independência no uso do instrumento, que por sua vez é a taxa de juros. Por fim, aprendemos que devido à nossa longa história de dominância fiscal, e diante de uma taxa de juros real maior do que a de crescimento econômico, é necessário gerar superávits fiscais primários que mantenham a dívida pública dentro de níveis sustentáveis, que se forem ultrapassados devem obrigar o governo a elevar os superávits primários, dimensionando-os para trazer a dívida pública de volta aos níveis dos quais ela se afastou. O que acabei de descrever é um regime de política econômica cujo apelido é "tripé da política macroeconômica", que vem sendo mantido pelos sucessivos governos, com o qual conseguimos afastar o risco da dominância fiscal, manter a inflação sob controle, e que nos permitiu enfrentar, com custos econômicos e sociais baixos, os choques de grande magnitude impostos pela crise financeira global, em 2008, e pela pandemia, em 2020. O objetivo deste livro é analisar, a partir de uma perspectiva histórica, como chegamos a esse regime e quais foram os seus caminhos e descaminhos.

O regime do tripé da política macroeconômica teve seu início na segunda fase do Plano Real, em 1999, mas logo após a reforma monetária de 1994 a âncora que prendia o nível de preços não eram as metas de inflação e o câmbio flutuante, mas o regime de câmbio fixo. Essa não tinha sido a primeira vez que estivemos nesse regime, no qual a política monetária assume o papel de corrigir os desequilíbrios no balanço de pagamentos. Por isso, começo o capítulo 1 com uma nota histórica sobre a nossa experiência no regime de câmbio fixo, ocorrido entre o final da Segunda Guerra Mundial e as reformas do Programa de Ação Econômica do Governo (Paeg), em 1966. Naqueles anos, o Brasil ainda não tinha um banco central, sendo a política monetária executada de forma precária por um departamento do Banco do Brasil. Na ausência do instrumento correto para corrigir os desequilíbrios no balanço de pagamentos, recorremos a frequentes restrições ao comércio internacional, o que encareceu as importações e plantou as sementes do protecionismo, do qual nunca mais nos livramos. Na época do Plano Real, em 1994, já contávamos com um banco central, mas optamos de início pela âncora cambial, cuja dinâmica de ajuste na passagem de uma inflação muito alta para uma inflação baixa permite que a remonetização da economia ocorra de forma endógena e com juros mais baixos do que se a opção inicial fosse pela âncora monetária. A grande

INTRODUÇÃO

vantagem do uso temporário da âncora cambial consiste em evitar uma queda do PIB e uma elevação da taxa de desemprego maiores do que se tivéssemos, logo no princípio, adotado a âncora monetária. No entanto, nesse regime cambial o Brasil se torna vulnerável ao contágio de crises de balanço de pagamentos que ocorrem em outros países, que foram frequentes, o que era agravado pelo nosso nível muito baixo de reservas internacionais. O restante do capítulo é dedicado à análise desses episódios, começando com as crises do México e dos países do Sudeste Asiático, e culminando com a crise da Rússia, que tornou impossível para o Brasil se manter no regime de câmbio fixo.

Um banco central foi criado no país em 1966, então por que foi apenas mais de trinta anos depois, a partir de 1999, que conseguimos que a política monetária fosse eficaz no controle da inflação? A resposta para essa questão é o tema inicial do capítulo 2. As reformas do Paeg, em 1966, criaram um banco central, porém, em vez de um ataque frontal à inflação, os autores daquele plano optaram por uma aproximação gradualista, na qual para minimizar os custos da inflação foram criados mecanismos de indexação, que inicialmente estava restrita aos ativos financeiros, mas que logo passou a de alguns preços e salários e, o mais importante, da taxa cambial. É na indexação do câmbio à inflação passada ou, para ser mais preciso, na busca por metas para o câmbio real que repousa a origem de um regime de política econômica no qual não há nenhuma âncora que prenda o nível de preços, o que levou a uma economia sem âncoras nominais e com uma inércia inflacionária extrema, que de forma inapropriada foi definida como uma "inflação inercial". Começo expondo, com base no *monetary approach* do balanço de pagamentos, que, em um país que tenha aderido ao câmbio fixo e que esteja aberto ao livre movimento de capitais, o

13

banco central perde o controle sobre a oferta de moeda, que se ajusta de forma passiva aos choques e na qual a taxa de juros doméstica é sempre igual à internacional. Do ponto de vista da inflação, esse não é um problema, dado que a âncora nominal do câmbio fixo mantém o nível de preços estável. Mas não é o caso do regime com metas para o câmbio real, no qual o câmbio nominal é continuamente reajustado pela inflação passada. Assim, a exemplo do que ocorre no regime de câmbio fixo, a moeda também é passiva, e devido à abertura aos fluxos de capitais a taxa de juros doméstica se iguala à internacional. Assim, a política monetária não pode ser a âncora nominal, tampouco o câmbio, dado que se ajusta às inflações passadas. Para eliminar a inflação com tais características não basta acabar com a indexação, como ocorreu com os planos heterodoxos. É necessário criar uma âncora nominal. O diagnóstico errado leva à terapia errada, e, independente de quantos fossem os planos de congelamento de preços e de desindexação, essas políticas estavam sempre fadadas ao fracasso. Embora o período dos planos heterodoxos tenha sido caótico, a criação da Secretaria do Tesouro, a extinção da conta movimento do Tesouro no Banco do Brasil e o aprendizado de como seria possível fazer política monetária controlando a taxa de juros foram avanços da época. O capítulo se encerra com uma análise da transição do regime de câmbio fixo, ocorrido na primeira fase do Plano Real, para o regime do tripé da política macroeconômica, no qual nos beneficiamos da experiência de outros países que haviam aderido ao regime de metas de inflação com câmbio flutuante.

O terceiro capítulo é dedicado à análise de como ocorreu a consolidação do regime do tripé. O primeiro desafio na passagem da âncora cambial para a âncora monetária, em 1999, foi aprender como intervir no mercado de câmbio em uma situação na qual as reservas internacionais estavam em níveis criticamente baixos, o que obrigava o Banco Central a realizar apenas intervenções no mercado futuro de câmbio. Começo mostrando que, quer do ponto de vista dos efeitos sobre a taxa cambial, quer do ponto de vista dos custos para o governo, há uma equivalência perfeita entre as intervenções no mercado à vista e no mercado futuro de câmbio, e que todas essas intervenções devem ser sempre esterilizadas. A ênfase no câmbio, logo de início, prende-se a duas características de nossa economia naquele período: o nível extremamente baixo de reservas internacionais e a elevada proporção da dívida pública, ou diretamente em dólares, ou com títulos públicos com preços atrelados ao dólar, o que tornava sua dinâmica fortemente sensível aos movimentos do câmbio real. Vivíamos os anos logo posteriores ao Plano Brady, que havia securitizado a nossa dívida externa, gerando um apreciável volume de dívida soberana que era negociada no exterior, e devido ao risco associado ao baixo nível das reservas internacionais um pouco mais de 30% de nossa dívida pública interna era emitida em títulos atrelados ao câmbio. A percepção de que o governo poderia renegar seu compromisso com a sustentabilidade da dívida levava à fuga de capitais e à depreciação cambial, o que elevava a dívida pública, aumentando o risco, e portanto voltando a depreciar a taxa cambial, fechando-se desse modo um círculo vicioso. Estávamos, assim, sujeitos a uma crise com a característica de uma parada brusca, ou de um *sunspot*. No plano político, vivíamos o segundo mandato de Fernando Henrique Cardoso, que seria substituído por Lula, cujo partido pregava uma "redução" do estoque da dívida — algo como um "confisco". O temor de um suposto "confisco" gerava a venda de títulos negociados no exterior, o que reduzia seus preços e elevava o prêmio de risco, e, ao mesmo tempo, provocava a venda de títulos da dívida no mercado interno, com os recursos assim obtidos pelos seus detentores sendo transformados em dólares e transferidos para o exterior, o que levava à depreciação cambial, que, por sua vez, elevava a dívida e aumentava o risco, fechando-se um processo de autoalimentação que se não fosse rompido terminaria em um default. Analiso em detalhes como esse círculo vicioso foi rompido, quer com ações no campo da política econômica, quer com ações no campo da economia política.

O quarto capítulo é dedicado à crise financeira global, de 2008. Defendo que a origem daquele evento se relaciona ao excesso de confiança de banqueiros centrais e economistas na hipótese do mercado eficiente, que tentaram nos convencer de que os mercados se autorregulam e impedem a geração de bolhas. Os excessos do Federal Reserve (FED) nos anos da *Great Moderation*, aliados à tentativa de incentivar o mercado de *housing*, levaram ao crescimento de uma bolha nos preços dos imóveis, cujo estouro resultou numa profunda recessão. A bolha imobiliária não foi a única que estourou. A acomodação monetária excessiva combinada a um forte afrouxamento na regulação e na supervisão levou, também, ao crescimento de uma bolha no mercado de *bonds*, com o governo se omitindo diante da alavancagem das posições dos bancos de investimentos e de outros intermediários financeiros. A crise bancária sistêmica só não foi maior porque, ao contrário do ocorrido em 1929, o Federal Reserve reagiu corretamente à crise, amainando seus efeitos. Uma bolha no mercado imobiliário também cresceu e estourou na Espanha e na Irlanda, mas dessa vez ela não foi consequência de estímulos provocados por uma acomodação monetária excessiva, mas devido ao exagero na ampliação do crédito imobiliário. Além do contágio do estouro da bolha imobiliária nos Estados Unidos, a Europa sofreu um segundo choque, que se iniciou com o estouro das bolhas imo-

INTRODUÇÃO

biliárias na Espanha e na Irlanda e prosseguiu com os reflexos da crise de dívida pública ocorrida na Grécia. Embora tenha adotado uma moeda comum a todos os países pertencentes à união monetária, a Europa não convergiu para uma união fiscal perfeita, existindo países com dívidas públicas baixas, como a Alemanha, e com dívidas públicas altas, como a Itália. A crise da dívida na Grécia teve reflexos importantes nas taxas de juros dos países mais fracos em termos fiscais da Europa, e o Banco Central Europeu (BCE) agiu com grande eficiência para reduzir os efeitos, restabelecendo a credibilidade dos títulos públicos dos países afetados.

A trajetória do regime econômico do tripé está longe de ser suave. Ocorreu uma sucessão de avanços e retrocessos, e o capítulo 5 é dedicado à análise das mudanças de rumo. Começo o capítulo analisando como o Banco Central reagiu à crise financeira global, com garantia na oferta de crédito, inclusive no financiamento às exportações. Mostro, no entanto, que estivemos perto de ser contaminados por operações de crédito mais "ousadas" com base em derivativos, mas que não chegaram a extremos como nos Estados Unidos. Entre a posse de Lula, em 2003, e a crise financeira global, em 2008, ainda que à custa do aumento da carga tributária, que elevou as receitas, o Brasil conseguiu cumprir as metas de resultado primário que levaram à queda da relação dívida/PIB abaixo de 60%. O contínuo cumprimento das metas de resultado primário era uma evidência do compromisso do governo com a sustentabilidade da dívida, o que resultou em sucessivas promoções por parte das Agências de Classificação de Risco e na obtenção do grau de investimentos. Simultaneamente, vivíamos os anos finais da *Great Moderation*, o que se somou à melhora do risco-Brasil para atrair capitais que levaram a superávits no balanço de pagamentos que permitiram a acumulação de um alto nível de reservas internacionais. A disciplina fiscal somada a reservas elevadas criava a perspectiva de atração de capitais, aumentando os investimentos em capital fixo e acelerando o crescimento econômico. Parecia que havíamos encontrado o rumo da política econômica, bastando apenas aperfeiçoá-la. Infelizmente, foi nesse ponto que teve início um retrocesso que chegou a colocar o regime em risco, de início no segundo mandato de Lula e, de forma mais acentuada, no primeiro mandato de Dilma Rousseff. Além de abandonar as metas de resultado primário, com o governo logo transitando para o terreno dos déficits primários, assistimos ao início de um desmonte institucional, que começou a enfraquecer os dispositivos da Lei de Responsabilidade Fiscal. Ainda no segundo mandato de Lula, o governo passou a transferir recursos por fora do orçamento para os bancos oficiais com o intuito de incentivar investimentos. Devido a esses desvios, o Brasil perdeu a sua classificação de grau de investimento, os riscos cresceram e o real se depreciou. Mas não foi apenas no campo fiscal que ocorreu uma piora da política econômica. O Banco Central, que desde 1999 tinha a garantia de sua independência de facto, submeteu-se aos objetivos políticos do governo ao abandonar o cumprimento de seu mandato efetivo, que é o de manter a inflação na meta. Não foi um simples deslize, mas um comportamento cujo registro histórico tem que ser feito como uma advertência contra a sua repetição no futuro. Após o impeachment de Dilma Rousseff, vivemos um curto período sob a presidência de Michel Temer, que, por ser um político experimentado, superou a dificuldade imposta pela fragmentação partidária ao atrair para seu governo políticos que o ajudariam em um programa de governo e na aprovação das medidas no Congresso. Com isso, ocorreram avanços importantes, que por algum tempo pareciam ser o início de uma nova fase, com uma melhora na dinâmica da dívida e crescimento com taxas reais de juros mais baixas.

O último capítulo é dedicado à política macroeconômica a partir de 2019. O novo governo, que tomou posse em janeiro de 2019, herdou do governo Temer a emenda constitucional que congelou por dez anos os gastos primários em termos reais, e logo em seguida o Congresso aprovou a reforma da previdência, a primeira necessária para o controle dos gastos primários. Estávamos a caminho de manter os avanços no campo fiscal a partir do controle de gastos. Com isso, o Banco Central teve o benefício de operar a política monetária com o nível mais baixo da taxa neutra de juros desde que o regime foi adotado. No entanto, em 2020, a pandemia criou uma situação de alto grau de incerteza. No plano internacional, a nossa grande preocupação nos anos que antecederam a pandemia era com as consequências das taxas neutras de juros em torno de zero nos países desenvolvidos, o que reduzia a eficácia de sua política monetária, mas esse quadro sofreria uma mudança radical. Todos os países, avançados e emergentes, reagiram à pandemia com expansões fiscais sem precedentes, que elevaram suas dívidas e as taxas neutras de juros, e os bancos centrais dos países economicamente avançados usaram o aumento de seu balanço para colocar toda a estrutura de taxas de juros próximo do *zero lower bound*. O resultado foi uma inflação elevada em escala global, que teria que ser enfrentada por países avançados e emergentes. O Brasil também lançou mão de enormes estímulos fiscais e monetários, que por algum tempo nos afastaram do regime do tripé.

Ao longo de 2023, começamos a viver uma nova fase da política econômica cuja história foi analisada neste livro. Não sei aonde chegaremos, mas não poderia terminar este trabalho sem que, em seu epílogo, fizesse uma advertência alta e clara de que, no Brasil, o espaço fiscal, definido como a flexibilidade para aumentar os gastos, é muito estreito ou mesmo inexistente. Embora o Banco Central tenha plena liberdade de mover a taxa de juros em torno da taxa neutra em uma intensidade que depende dos desvios da inflação em relação à meta, o que fixa a taxa neutra de juros é a política fiscal, e na determinação da taxa real de juros de equilíbrio entram, também, os prêmios de risco que crescem com o aumento da dívida pública. Políticas fiscais expansionistas que buscam acelerar o crescimento gerando estímulos à demanda elevam a taxa real de juros e reduzem o crescimento do PIB potencial, que é o único que determina o nível sustentável de crescimento do PIB. Infelizmente, a busca por um espaço fiscal maior parece ser a orientação atual da política econômica. Espero que a resiliência do regime do tripé da política macroeconômica deixe claro que é necessária uma correção de rumo, e que os responsáveis pela política econômica se beneficiem de nossa experiência histórica.

São Paulo, dezembro de 2023.

1
Duas experiências com a âncora cambial

Introdução

Há muitos ângulos pelos quais podemos analisar a história econômica brasileira no período que vai do final da Segunda Guerra Mundial até os dias atuais, e o escolhido neste capítulo é o dos regimes cambiais. Há mais de 25 anos adotamos o regime de metas de inflação e de câmbio flutuante, mas durante dois momentos de nossa história econômica estivemos no regime de câmbio fixo, uma experiência que trouxe resultados muito diferentes e lições para o futuro. O objetivo deste capítulo é analisar, nesses dois casos, a condução da política econômica e as suas consequências.

Nosso primeiro experimento com o regime de câmbio fixo ocorreu entre a adesão brasileira ao acordo de Bretton Woods, em 1946, e as reformas do Paeg, em 1966; enquanto o segundo ocorreu durante a primeira fase das reformas do Plano Real, entre 1994 e 1999. No primeiro, o câmbio fixo deveria ser a âncora nominal que estabilizaria o nível de preços, cabendo à política monetária a função de atrair capitais que produzissem o equilíbrio no balanço de pagamentos. No entanto, não tínhamos um banco central nem contávamos com os instrumentos através dos quais algum órgão governamental poderia ensaiar algo que se assemelhasse à execução da política monetária. Por isso, com o objetivo de evitar crises no balanço de pagamentos, o governo foi compelido a impor restrições ao comércio na forma de controle das importações, o que se transformou em estímulos aos investimentos na substituição de importações. Foi durante a vigência desse regime que, na defesa de seus interesses, cresceu a influência dos industriais na formulação e aprovação de medidas de política econômica que favorecessem o setor, e que se mantém até hoje.

No segundo, já com um banco central que tinha independência no uso da taxa de juros, instrumento que garante a boa execução da política monetária,[1] conseguimos controlar a inflação que, após um curto período que se seguiu às reformas do Paeg, no qual ela esteve razoavelmente sob controle, entrou em uma trajetória de forte crescimento, aproximando-se de uma hiperinflação no seu período mais agudo. O sucesso da reforma monetária do Plano Real, realizada em 1994, se deve em grande parte à compreensão de que o controle da inflação exige uma âncora nominal, que poderia ser tanto monetária, cujo instrumento é a taxa de juros, quanto cambial. Embora em 1999 o Brasil tenha adotado o regime de câmbio flutuante, com a função de âncora nominal sendo atribuída à política monetária organizada no regime de metas de inflação, o passo inicial da reforma monetária do Plano Real seguiu o conselho de Stanley Fischer (1986), de que o caminho de menor custo na transição de uma inflação muito alta para uma baixa requer, de início, a adoção de uma âncora cambial, que só dará lugar à âncora monetária, combinada com a flutuação cambial, quando a elevada inércia inflacionária que caracteriza inflações muito altas tiver sido controlada por completo. A razão para tal escolha está em uma dinâmica de ajustamento, que é bem mais favorável.

No curto período no qual uma reforma monetária bem conduzida faz com que o país saia de uma inflação muito alta para uma baixa, ocorre uma queda abrupta do custo de reter moeda, levando ao aumento da demanda de moeda, que deixa de ser taxada pelo "imposto inflacionário", e à remonetização da economia. Se, em vez de ancorar o nível de preços no câmbio fixo, o governo escolhesse uma âncora monetária, teria de conter a expansão do estoque de moeda impedindo a remonetização endógena da economia, o que acarretaria uma elevação exagerada da taxa de juros, resultando numa recessão que, provavelmente, seria profunda. Mas se a âncora nominal escolhida for a taxa cambial fixa, dado que a ancoragem do nível de preços no câmbio elimina o risco de inflação, basta que o banco central permita o crescimento endógeno do estoque nominal de moeda para satisfazer o aumento da demanda, e a remonetização da economia ocorrerá sem colocar em risco o controle da inflação com uma taxa de desemprego bem mais baixa. Dessa forma, a melhor opção em um programa econômico que chegue à estabilização a partir de uma inflação alta é iniciá-la com uma taxa cambial fixa, mantendo esse regime cambial durante o processo inicial da desinflação, mas, uma vez encerrada essa fase, a taxa cambial deve flutuar com o objetivo de equilibrar o balanço de pagamentos e tendo a política monetária, organizada no regime de metas de inflação, no papel da âncora nominal.

Escolhi iniciar esta narrativa histórica analisando os dois momentos em que o Brasil experimentou o regime de câmbio fixo para deixar claro que nas suas duas versões o espaço para a política monetária era muito limitado e só se transformou em um instrumento de política econômica importante a partir da segunda fase do Plano Real, quando adquiriu o protagonismo que mantém até hoje. Em 1968, Robert Alexander Mundell enunciou um princípio que ele denominou *effective market classification*, segundo o qual cada instrumento de política econômica deve ser alocado para o objetivo para o qual tenha a maior eficácia, e ao mesmo tempo nos brindou com o melhor exemplo disso, dado pelo modelo Mundell-Fleming,[2] que estabelece para qual objetivo a política monetária deve ser alocada nos regimes de câmbio fixo e flexível. Ele nos ensina que na presença de mobilidade de capitais no regime de câmbio flexível a política monetária é eficaz em determinar o nível de renda, afetando os níveis de emprego e de preços, com a flutuação cambial levando ao equilíbrio no balanço de pagamentos; no entanto, no regime de câmbio fixo, ela só é eficaz em determinar o nível de reservas internacionais através de seus efeitos sobre o balanço de pagamentos. A grande vantagem do regime de câmbio fixo — se ele puder ser mantido — é colocar em ação uma pesada âncora nominal que garante a estabilidade de preços, mas isso se faz à custa da perda da política monetária como um instrumento que permite realizar políticas contracíclicas.[3] Foi isso, em última instância, que ocorreu na primeira fase da reforma monetária do Plano Real.

Câmbio fixo e restrições ao comércio[4]

Em 1946, o Brasil aderiu ao regime de Bretton Woods, comprometendo-se com o câmbio fixo, porém reajustável quando ocorressem desequilíbrios fundamentais no balanço de pagamentos. Contudo, sem contar nem com um banco central nem com os instrumentos que permitiriam que algum órgão governamental pudesse exercer a política monetária, e diante da precariedade dos instrumentos da política fiscal, com um sistema tributário falho na arrecadação de impostos e um orçamento incapaz de impor limites ao crescimento das despesas, quando ocorria uma expansão da demanda agregada que elevava a absorção total doméstica acima da renda, geravam-se déficits nas contas-correntes que tendiam a se ampliar devido à valorização do câmbio real provocada pela inflação. Se nada fosse feito, não haveria como financiar os déficits nas contas-correntes, e para evitar uma crise no balanço de pagamentos, entre 1946 e 1952, o governo permitiu que os exportadores de produtos "gravosos" (ou seja, "não competitivos") vendessem câmbio diretamente aos importadores, em "operações vinculadas", que eram regulamentadas e incentivadas pela Carteira de Exportação e Importação do Banco do Brasil (Cexim). Havia, de jure, uma taxa cambial oficial, que era fixa, mas devido à demanda elevada derivada das importações, a taxa de câmbio formada nessas "operações vinculadas" fazia com que as exportações fossem realizadas a um câmbio de facto desvalorizado, que também encarecia as importações. Os exportadores e os produtores domésticos de bens substitutos de importação internalizavam os benefícios vindos daquela regra, mas isso ocorria em detrimento da receita que o governo poderia auferir caso, em vez de permitir as "operações vinculadas", adotasse outro caminho, como a criação de um imposto sobre a importação.

Em 1953, o governo corrigiu parcialmente esse defeito através da Instrução 70 da Superintendência da Moeda e do Crédito (Sumoc), criando os leilões de câmbio, que nos levaram ao regime de câmbio múltiplo e que serviram, ao mesmo tempo, para controlar importações e mobilizar recursos para financiar os gastos públicos.[5] Neles eram leiloadas as Promessas de Venda de Câmbio (PVC), requeridas para a compra de moeda estrangeira por parte dos importadores, sendo os leilões de PVC realizados em cinco categorias, alocando-se mais divisas para os setores produtores de bens de produção e menos para o setor produtor de bens de consumo. A busca de receita com base nos leilões de PVC é um atestado da precariedade do regime fiscal, com uma persistente escassez de receitas tributárias para cobrir os gastos, e que só começaria a adquirir a conformação atual a partir das reformas do Paeg, em 1966. Entrávamos, assim, em um regime que tinha uma fachada de câmbio fixo, mas na verdade era um regime de câmbio múltiplo, com taxas cambiais efetivas mais desvalorizadas para as importações que competiam com a produção doméstica de bens de consumo, o que acarretava um efeito semelhante ao de tarifas efetivas que favorecem os investimentos na produção doméstica de bens de consumo.

Em 1955, a necessidade de atrair recursos para financiar os déficits em contas-correntes motivou o estímulo ao ingresso de capital estrangeiro, dando origem à Instrução 113 da Sumoc.[6] À Carteira de Comércio Exterior do Banco do Brasil (Cacex) foi atribuída a tarefa de emitir as licenças de importação de equipamentos sem "cobertura cambial", desde que complementassem ativos já existentes no Brasil e se concentrassem nas três primeiras categorias relativas aos leilões de PVC. Havia, em consequência, um estímulo a essas importações quando comparado à alternativa, na qual o investidor em primeiro lugar ingressaria as divisas no país, convertendo-as na moeda do país ao câmbio oficial, e em uma segunda etapa participaria dos leilões de PVC, pagando um ágio na importação do equipamento. As promessas de vendas de câmbio associadas aos dispositivos da Instrução 113 da Sumoc começavam a configurar o modelo protecionista que caracteriza a economia brasileira até hoje.

Por que não encaramos o problema de frente, eliminando as restrições ao comércio e criando as instituições necessárias para operar a política monetária voltada ao objetivo de equilibrar o balanço de pagamentos? Afinal, entre 1946 e 1954, durante o governo de Café Filho, tivemos ministros da Fazenda da qualidade de Oswaldo Aranha e Eugênio Gudin, ambos conhecedores da economia mundial e que decerto sabiam que no Reino Unido, durante o padrão-ouro, o Banco da Inglaterra — criado em 1694 — movia a taxa de juros para equilibrar o balanço de pagamentos, o que lhes dava plena consciência de que era necessário construir instituições que permitissem o uso da política monetária. A razão está no desprezo, por parte dos detentores do poder político, à necessidade de criar instituições e desenvolver um regime econômico que levasse à estabilidade de preços e, principalmente, à força dos interesses dos industriais em favor das restrições ao comércio, que elevavam as taxas de retorno dos investimentos nesse tipo de produção doméstica,[7] e que não admitiam que o tratamento privilegiado dado ao Banco do Brasil fosse reduzido, colocando em risco a continuidade dos benefícios que auferiam. Um exemplo da importância da preservação dos interesses que influenciavam a política econômica é o ocorrido em 1955, já no apagar das luzes do governo Café Filho, quando o ministro José Maria Whitaker tentou unificar o sistema cambial, dando a Roberto Campos, que à época era o superintendente do Banco Nacional de Desenvolvimento Econômico (BNDE), a tarefa de delinear uma reforma cambial. Campos contatou o Fundo Monetário Internacional (FMI), e ambos concluíram que melhor do que apenas corrigir o modelo existente com uma desvalorização, mantendo as restrições ao comércio, seria unificar as taxas cambiais e aderir ao regime do câmbio flutuante, criando condições para a liberalização do comércio exterior. Campos era um intelectual ambicioso e, pelo que fez nove anos depois, quando se tornou um dos artífices do Paeg, sabia que precisávamos construir instituições que permitissem a execução da política econômica. Tanto ele quanto o FMI estavam dispostos a enfrentar essa tarefa. Porém, Café Filho não queria correr riscos e quis consultar os candidatos à sua sucessão, não obtendo nenhum suporte, o que era um atestado de que a influência dos interesses da indústria já havia crescido o suficiente para impedir mudanças nas restrições às importações de produtos manufaturados.[8] Ele encaminhou o plano ao Congresso, que o rejeitou.

O sucessor de Café Filho foi Juscelino Kubitschek, que, como fica claro pelo seu Programa de Metas, tinha grande entusiasmo pela industrialização como o motor do crescimento econômico.[9] Porém, nutria ao mesmo tempo um profundo desprezo pelas disciplinas fiscal e monetária. A inflação, que cresceu ao longo de seu mandato (gráfico 1), provocada pelas expansões fiscal e monetária, era, no entanto, atribuída a causas estruturais, sendo tida como um estimulante do crescimento.

Gráfico 1. Taxas de doze meses do IGP

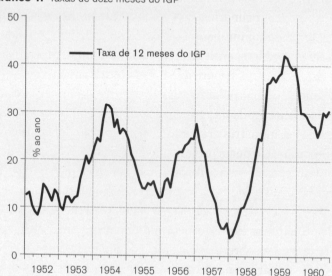

Não havia a menor preocupação com as políticas monetária e fiscal, o que contribuiu para que se prosseguisse no modelo que lançava mão das restrições às importações como estimulante do crescimento. Era a mesma ideologia de desenvolvimento defendida na Comissão Econômica para a América Latina e o Caribe (Cepal) por Raul Prebisch, ardoroso apoiador da industrialização pela substituição de importações. Uma das crenças, naqueles anos, era de que a baixa elasticidade-renda da demanda internacional de produtos primários faria com que elevações de sua oferta se transformassem na queda dos preços e das relações de troca, e com isso os eventuais ganhos de produtividade na produção de produtos primários seriam transferidos para os países industrializados na forma de preços mais baixos. A menos que se engajassem em restrições ao comércio que levassem à industrialização, os países da "periferia" econômica estariam condenados a transferir para os países do "centro" econômico, na forma de queda de preços relativos, os ganhos de produtividade obtidos no setor produtor de produtos primários. O protecionismo nos livraria desse "pecado". Esse foi um período no qual a economia brasileira passou por uma intensa mudança estrutural, com a indústria crescendo em proporção à agricultura e com o aumento da proporção da população ativa empregada na indústria em relação à empregada na agricultura. Como a produtividade do trabalho na indústria era bem maior do que na agricultura, ocorreu um ciclo de forte elevação da produtividade total dos fatores, que foi bastante responsável pela elevação da renda per capita.[10]

Mas nem tudo foram ganhos. A proteção tarifária desse período penalizou as exportações de manufaturas, não apenas pelo efeito direto da sobrevalorização cambial derivada da elevada proteção tarifária e não tarifária, mas também pelo aumento do custo dos insumos dos bens internacionais protegidos, que eram diretamente utilizados na produção de produtos exportáveis. Esse mecanismo foi o gerador de uma distorção contrária ao comércio exterior e contribuiu para a estagnação econômica tão logo cessaram os impulsos derivados da substituição de importações. Só começamos a tomar consciência dessas distorções quando os estudos conduzidos no Instituto de Pesquisa Econômica Aplicada (Ipea) — um órgão criado por Roberto Campos — realizaram as primeiras avaliações empíricas[11] e mostraram o elevado grau de protecionismo dado à indústria no Brasil e suas consequências. Infelizmente não extraímos dessas análises informações fortes o bastante para que mudássemos o rumo de nossa política econômica voltada ao desenvolvimento, continuando a insistir no protecionismo em vez de buscar se abrir para o comércio e o aumento da produtividade.

A única tentativa de estabilização no governo Kubitschek foi o plano do ministro Lucas Lopes, em colaboração mais uma vez com Roberto Campos, então diretor do BNDE. Políticos defensores dos interesses da indústria que favoreciam o protecionismo acusavam o plano Lucas Lopes-Roberto Campos de ser excessivamente conservador e de ceder à política econômica ortodoxa defendida pelo FMI, quando na verdade buscava obter do FMI o suporte necessário sem comprometer o Plano de Metas. O fracasso na sua adoção levou ao encerramento das negociações com o FMI e à renúncia de Lucas Lopes e Roberto Campos, que foram substituídos, respectivamente, por Sebastião Paes de Almeida e Lúcio Meira. Havia uma disputa na qual, de um lado, estavam os defensores da maior abertura da economia ao comércio internacional, que com outros atores persiste até hoje sem nenhum sucesso, e, de outro, estavam os defensores do protecionismo, que usavam narrativas atraentes, algumas das quais com o suporte de economistas que à época eram reputados mundialmente. Não me refiro, apenas, ao argumento da indústria nascente, bastante utilizado pelos "estruturalistas" ligados à Cepal, mas a outro que à época teve grande influência, fundamentado no modelo dual do mercado de trabalho, de Arthur Lewis (1954). A hipótese de Lewis era de que, devido à superabundância de trabalhadores empregados na agricultura, a produtividade marginal da mão de obra naquele setor seria nula. Já na indústria, a produtividade marginal da mão de obra era positiva e elevada. Os investimentos na indústria — ainda que com base em estímulos artificiais, como isenção de impostos e subsídios — atrairiam a mão de obra que migraria do campo para as cidades, sem o risco de reduzir a produção agrícola, enquanto seu emprego na indústria elevaria a renda per capita e aceleraria o crescimento. A ortodoxia do FMI, que tinha pela "economia ortodoxa" uma verdadeira admiração, abominava o "artificialismo" dos incentivos à industrialização, o que impedia que esse caminho para o desenvolvimento fosse adotado pelo país. Triunfavam, assim, as visões de que o país estaria melhor com um grau maior de intervencionismo e de que o crescimento econômico só poderia ocorrer protegendo a indústria.

O câmbio fixo como âncora nominal

Ao contrário do ocorrido durante o primeiro experimento de câmbio fixo, quando o Plano Real foi lançado, em 1994, já existia um banco central e já havíamos entendido que uma das razões para o fracasso dos sucessivos planos de estabilização, iniciados com o Plano Cruzado, em fevereiro de 1986, era a inexistência de uma âncora nominal que prendesse o nível de preços. Robert Mundell ensinou que a política monetária nos regimes de câmbio fixo e de câmbio flexível resulta em uma "trindade impossível", segundo a qual é impossível coexistirem câmbio fixo, livre mobilidade de capitais e controle monetário voltado a objetivos domésticos, como é o caso das políticas contracíclicas. É preciso abandonar um dos três, e, como não queria correr o risco de fracassar na obtenção do controle da inflação, o governo decidiu, na busca de aumentar a capacidade de ancorar o nível de preços na taxa cambial, sacrificar a livre mobilidade de capitais para utilizar o controle da política monetária como uma segunda âncora nominal. Quanto mais intenso fosse o controle sobre os ingressos de capitais, maior seria o espaço para elevar a taxa doméstica de juros acima da internacional, o que contraía a demanda agregada e ajudava a conter a inflação, se essa fosse a necessidade do momento.

No próximo capítulo, analisaremos o período caótico em que foi realizada uma sucessão de planos heterodoxos de controle da inflação, posta em prática com base em um diagnóstico precário e sem nenhum fundamento teórico e empírico. Contudo, ao contrário da concepção daqueles planos, para proceder à desindexação da economia o Plano Real utilizou ensinamentos básicos e corretos de teoria monetária. Em vez de se limitar de maneira ingênua a decretar o fim da indexação e lançar mão de "tablitas de conversão" que deveriam compulsoriamente ser usadas para recalcular os valores das obrigações nos contratos que haviam sido assinados antes do plano (prevendo, portanto, a correção pela inflação) e que passariam a obedecer às novas condições (nas quais não haveria inflação), o Plano Real optou por outro caminho. Em uma primeira fase, as funções da moeda foram separadas, com o papel de instrumento de troca passando a ser exercido pela moeda vigente à época — o cruzeiro real —,[12] que manteve a propriedade de curso forçado, ou seja, era obrigatoriamente aceita na quitação de transações, sendo as demais funções — de unidade de conta, reserva de valor e padrão para pagamentos diferidos — exercidas por um índice denominado Unidade Real de Valor (URV), que era usado para reajustar a cada dia os preços. A paridade entre a URV e o cruzeiro real era anunciada a cada dia com base em três índices de preços e com uma paridade fixa de um para um em relação ao dólar norte-americano, sendo todos os preços, salários, contratos e a taxa cambial expressos em URV. O acumulado das taxas diárias de variação da URV em um mês era igual à inflação daquele período. Na segunda fase da reforma, o cruzeiro real — a moeda com curso forçado que existiu durante a primeira fase — foi extinto, e a URV adquiriu a função de instrumento de troca e se transformou na nova moeda. Nascia, assim, o real. No dia em que a URV se transformou na nova moeda, tanto ela quanto a taxa cambial valiam 2,75 reais, e como uma URV passou a valer um real, naquele momento a taxa cambial medida na nova moeda era de um real para um dólar. Por fim, por um curto período, o real passou a flutuar dentro de uma banda informal, como será detalhado mais adiante, mas logo em seguida o regime adquiriu a sua forma final, com a criação de uma banda deslizante com uma trajetória predeterminada que seguia a diagonal de retângulos — as "fases" do regime —, como será mostrado a seguir.

À época, o mercado de câmbio estava dividido em dois segmentos: o primeiro, denominado "comercial e financeiro", englobava os contratos de câmbio de exportações e importações, referentes aos movimentos financeiros e às remessas de dividendos; no segundo, denominado "segmento flutuante" — no qual "flutuante" é apenas o nome, e não a indicação de que de fato havia uma livre flutuação cambial —, eram realizadas as transações relativas a viagens internacionais ou quaisquer remessas feitas por empresas que tivessem a origem dos recursos devidamente registrada no Banco Central e desejassem remetê-los ao exterior mesmo antes do prazo contratual de permanência no país.[13] Para ter acesso ao segmento do mercado denominado "flutuante" era preciso ter uma conta de não residente, sendo os ingressos em geral sujeitos a um imposto, cuja alíquota poderia ser alterada para facilitar ou dificultar a entrada de capitais. Depois do ingresso, no entanto, os recursos passavam a ser tratados como dinheiro de residente, podendo ser dirigidos a quaisquer aplicações no mercado doméstico. Os recursos que entravam pelo segmento de taxas livres recebiam o tratamento tributário específico dado ao capital estrangeiro, que variava de acordo com a modalidade do investimento — ou do "Anexo" referente aos documentos da declaração do Imposto de Renda.[14]

Para contornar, pelo menos em parte, os efeitos da trindade impossível e conquistar algum espaço para a utilização da política monetária com o objetivo de reforçar o combate à inflação, foram introduzidos controles sobre os ingressos de capitais. Estes se restringiam apenas ao ingresso, sendo livres as saídas, e essa propriedade foi mantida enquanto o Brasil esteve no regime de câmbio fixo. O instrumento usado no exercício desses controles era o Imposto sobre Operações Financeiras — o IOF. Se concentravam principalmente nos fluxos ocorridos no segmento livre, através da incidência do IOF combinado com restrições de prazos de permanência no país. Assim como na maioria dos outros países, a intensidade desses controles era endógena, aumentando as restrições nos períodos de maior abundância dos fluxos de entrada e/ou quando era necessário seguir uma política monetária mais restritiva, ou reduzindo as restrições no caso contrário.[15]

Entre 1994 e 1998, esses controles passaram por várias fases. No início do Plano Real, quando por um curto período, ainda em 1994, existiu uma flutuação cambial dentro de uma banda, o objetivo era calibrar a entrada de capitais para produzir uma valorização que ajudasse a conter a inflação, cujo efeito era ampliado devido à manutenção das taxas de juros elevadas, de forma a consolidar o controle da inflação. Elevaram-se as restrições à entrada, como as impostas aos adiantamentos de controles de câmbio, inclusive com um recolhimento compulsório de 15%; o aumento do IOF sobre empréstimos, fundos de renda fixa e investimentos em bolsa; o aumento do prazo mínimo de permanência para empréstimos na Resolução 63; e a eliminação do limite para a compra de moeda estrangeira no flutuante.

Uma análise superficial indicaria que níveis elevados o bastante da alíquota do IOF encareceriam a operação na medida necessária para estancar o ingresso, o que tornaria os controles eficazes, mas esse argumento cai por terra diante da existência de derivativos e da capacidade dos operadores de mercado de encontrar formas de evitar o custo incorrido. Por exemplo, de acordo com a regulamentação realizada pelo Banco Central, para que uma captação através da emissão de um eurobônus pudesse ocorrer sem incidência do IOF, teria que ter o prazo mínimo de seis anos, mas se o eurobônus de seis anos fosse emitido junto de uma *put* de dois anos,[16] se transformaria em uma emissão isenta de IOF, com o exercício da *put* a tornando, de fato, uma emissão de dois anos, sem incidência do imposto. O único custo incorrido na liquidação dessa operação ao final do segundo ano era ter que fechar o câmbio no segmento flutuante, que, como veremos, mantinha a taxa de câmbio colada de forma permanente ao topo da banda de flutuação e era, em geral, superior à taxa do segmento comercial e financeiro. Em consequência, o custo de liquidar no câmbio flutuante uma transação que, no vencimento, poderia ser quitada no câmbio comercial é apenas e tão somente a diferença entre essas duas taxas cambiais, que dado o intervalo estreito entre o máximo e o mínimo da banda estava longe de ser restritiva o bastante. Fica claro que, desde que o câmbio fosse fechado no segmento flutuante, o país estava sujeito a uma saída livre de capitais, o que de fato ocorria, e essa foi a característica dominante desses fluxos quando, após a crise da Rússia em 1989, o Brasil foi forçado a abandonar a âncora cambial.

Na primeira fase da reforma, entre junho e dezembro de 1994, o câmbio flutuou livremente e, com uma taxa de juros mantida em níveis muito elevados, ocorreu uma valorização. Esta fazia parte da estratégia de forçar a inflação para baixo e elevar a credibilidade na capacidade de a reforma monetária extinguir a crença de que a inflação sempre escapava do controle do governo, com o presidente FHC repetindo de modo exaustivo que "o real vale mais que o dólar".[17] Entre 1994 e a metade de 1996, o real se manteve abaixo de 93 centavos por dólar, e de julho de 1995 em diante suas variações ocorreram dentro do estreito corredor que traça a diagonal dos sucessivos retângulos — as chamadas "fases" —, cuja única função era indicar, através da declividade da reta que une o ângulo de sudoeste ao de nordeste (gráfico 2). A taxa cambial nos dois segmentos — comercial/financeiro e flutuante — permanecia sempre dentro daquele corredor, que no gráfico é tão estreito que optei por não colocar entre seus dois limites a série relativa à taxa cambial.[18] Como veremos mais adiante, em geral as taxas do segmento comercial e financeiro oscilavam entre os dois limites do corredor, enquanto a taxa do segmento flutuante estava, quase sempre, colada ao topo.

Gráfico 2. Trajetória da taxa cambial logo após a reforma monetária de 1994

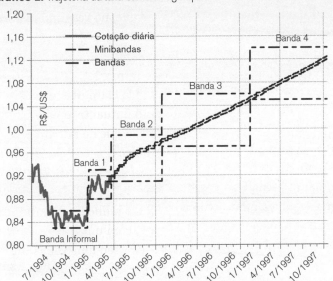

Uma propriedade crucial do regime de bandas de flutuação é que a sustentabilidade delas seja "crível", isto é, o câmbio de equilíbrio precisa, necessariamente, estar contido nos limites do corredor. Como havia um número enorme de operações realizadas fora do segmento comercial, nas quais predominavam remessas bem mais elevadas, a credibilidade do regime não poderia ser julgada pelo comportamento da taxa nos segmentos comercial e financeiro. Como vimos, todas as saídas que ocorressem antes do prazo teriam que ser feitas com a taxa cambial no segmento flutuante, no qual ela permanecia colada ao topo da banda de flutuação, e caso o Banco Central não suprisse a demanda por tais remessas com vendas elevadas o bastante, a taxa cambial nesse segmento se descolaria demais do topo da banda de flutuação, depreciando-se e levando ao desaparecimento da credibilidade no regime. Essa característica é fundamental para o entendimento da mecânica dos fluxos quando o Brasil estava sujeito ao contágio por crises ocorridas em outros países.

O fim da senhoriagem e a revelação do problema fiscal

Antes de prosseguir com a análise dos efeitos do regime cambial sobre a inflação, façamos uma ligeira incursão sobre o problema fiscal. O sucesso da âncora cambial em trazer de forma rápida a inflação para baixo foi, também, o que deixou claro que naquele momento o Brasil já tinha um grave problema fiscal. Embora nem todos tivessem consciência, naqueles anos já existiam déficits primários insustentáveis, e, da mesma forma como ocorre hoje, a taxa real de juros, r, era maior do que a taxa de crescimento econômico, g, o que deveria provocar o crescimento explosivo da relação dívida/PIB. Por que tal crescimento não ocorria? Embora já tivéssemos um banco central, ele nem tinha independência no controle da inflação, nem era proibido de financiar os déficits públicos. Havia, assim, uma forma clássica de dominância fiscal, na qual os déficits primários eram financiados por senhoriagem, sem quaisquer efeitos sobre a dívida pública. Dois tipos de evidência empírica confirmam esse diagnóstico. Usando uma amostra que vai dos anos 1950 até o período imediatamente anterior ao Plano Real, Issler e Lima (1997) colocaram à prova a cointegração entre a relação dívida/PIB e os resultados primários de maneira isolada, rejeitando-a, mas não rejeitam a cointegração quando a senhoriagem é incluída. Ou seja, a razão para o crescimento não explosivo da dívida está na senhoriagem. Seguindo um caminho diferente,[19] mostrei que havia uma precedência temporal das taxas de inflação sobre as taxas de expansão monetária ou, em outras palavras, eram as taxas de inflação que causavam as taxas de expansão monetária, e não o contrário, o que significa que a geração da senhoriagem era endógena. Complementando essa análise mostrei, com base em dados anuais, que a magnitude da senhoriagem gerada se situava em torno de 4% do PIB, que tem uma ordem de magnitude semelhante à dos superávits primários que logo a seguir passaram a ser gerados para estabilizar a relação dívida/PIB. Ou seja, não se rejeita a hipótese de que a senhoriagem era suficiente para financiar os déficits sem afetar a dívida pública. Ainda que não soubéssemos, tínhamos uma inflação que era fruto de uma forma extrema de dominância fiscal, que no devido tempo teria que ser enfrentada pelo governo.

A vulnerabilidade ao contágio e o ataque às reservas

Ao lançar mão da âncora cambial, porém sem endereçar uma solução ao problema fiscal, o governo criou um regime de política econômica que tem a característica de um contrato implícito que admite reajustes temporários, como é exposto por Larrain e Velasco (2001). Krugman (1979) demonstrou que os países que adotam esse regime e que, ao mesmo tempo, têm uma significativa expansão fiscal estão sujeitos a ataques especulativos, e Obstfeld (1994) demonstrou que tais ataques podem ocorrer como uma "profecia que se autorrealiza". Por mais bem elaborada que tivesse sido a reforma do Plano Real, estávamos sujeitos a esse tipo de problema, e há razões para isso. Ainda não sabíamos, mas, ao adotar o regime de câmbio fixo sem endereçar uma solução ao problema fiscal, estávamos sujeitos aos ataques especulativos que nos obrigaram a abandonar aquela âncora nominal.

Nos anos 1980, o Brasil havia sofrido a crise da dívida externa, sendo obrigado a suspender os pagamentos e iniciar uma longa e desgastante renegociação com os bancos credores. Diante da total ausência de reservas e da cessação dos financiamentos externos, o Banco Central lançou mão da centralização cambial, regulamentada pela Resolução 851. Em todos os pagamentos feitos para o exterior — inclusive nas importações de bens essenciais —, foi estabelecida uma separação entre o fechamento do câmbio junto ao sistema bancário, no Brasil, e a liquidação final da operação, com o Banco Central enviando moeda estrangeira à outra parte envolvida na transação, no exterior. A primeira parte da operação continuaria a ser executada como antes, porém a segunda só seria executada se houvesse disponibilidade de dólares por parte do Banco Central. Diante dessa restrição, era fatal que o país entrasse em uma recessão, da qual só sairia restaurando a normalidade dos pagamentos internacionais. Para que isso ocorresse, eram necessárias duas condições: um programa de ajustamento macroeconômico negociado com o FMI, com metas fiscais e monetárias; e uma renegociação da dívida externa vencida com os bancos. Em outro livro, analisei esse problema em detalhe,[20] e agora me concentro apenas na exposição de como terminou o episódio. Em março de 1989, depois da tentativa frustrada do antigo secretário do Tesouro dos Estados Unidos, James Baker, de seguir pelo caminho tradicional de uma renegociação da dívida sem reduzir seu valor, e com a supervisão do FMI, por iniciativa do novo secretário do Tesouro, Nicholas Brady, foi anunciado o Plano Brady, que securitizou as dívidas soberanas que inúmeros países emergentes, inclusive o Brasil, haviam acumulado naqueles anos. Argentina, Brasil, Bulgária, Costa

Rica, República Dominicana, Equador, México, Marrocos, Nigéria, Filipinas, Polônia e Uruguai aderiram ao Plano Brady. Com vistas a superar a pesada carga imposta à totalidade dos países que haviam se endividado junto ao sistema bancário, o Plano Brady "premiava" os que aderissem a ele com uma redução parcial da dívida, transformando-a em títulos de dívida soberana.[21] Os dois principais tipos de *Brady Bonds* que foram criados eram os *par bonds*, emitidos no mesmo valor do empréstimo original, com cupom abaixo da taxa de mercado; e os *discount bonds*, emitidos com um desconto em relação ao valor original do empréstimo, com o cupom igual à taxa de mercado. Ambos tinham o pagamento de principal e juros garantido pelo Tesouro dos Estados Unidos. Menos usuais eram os *front-loaded interest-reduction bonds* (Flirb), *new-money bonds*, *debt-conversion bonds* (DCB) e *past-due interest bonds* (PDI). Em geral, a negociação de *Brady Bonds* envolvia alguma forma de corte do valor principal da dívida, ou um *haircut*.

A partir da emissão dos *Brady Bonds*, investidores ao redor do mundo passaram a carregar posições desses títulos, que não apenas tinham a garantia do Tesouro dos Estados Unidos, como a grande maioria dos países beneficiados desenvolvia programas de ajustamento econômico negociados com o FMI, o que fazia com que o cenário mais provável fosse de que os riscos de um novo default fossem baixos, estimulando a alavancagem das posições desses títulos por parte dos investidores. Para estes, a tentação de se alavancar era irresistível. Afinal, o suporte dado pelo Plano Brady fazia com que a elevação dos preços dos *Brady Bonds* fosse uma aposta em uma única direção — a do crescimento —, com os ganhos se multiplicando caso o investidor ampliasse a carteira desses títulos financiando-se com empréstimos a taxas de juros fixas.[22] No entanto, apesar das garantias dadas por parte do

Tesouro dos Estados Unidos e de programas negociados com o FMI, havia grande heterogeneidade tanto nas políticas fiscais e monetárias que vinham sendo executadas pelos países quanto nos estoques das respectivas dívidas, o que diferenciava os riscos entre países. Esses riscos eram medidos pelo *Emerging Market Bond Index* (Embi), spread de uma carteira de títulos de mercados emergentes com relação ao título do Tesouro dos Estados Unidos, de *duration* equivalente estimado pelo banco J. P. Morgan (gráfico 3).

Programas de ajustamento bem executados aumentavam a demanda desses títulos, e essa é uma das razões pelas quais entre 1995 e 1997 o Embi relativo ao Brasil vinha caindo. Da mesma forma, como investidores avessos ao risco tendem a reduzir a demanda por títulos de dívida soberana de um país quando ocorre uma crise em outro com características seme-

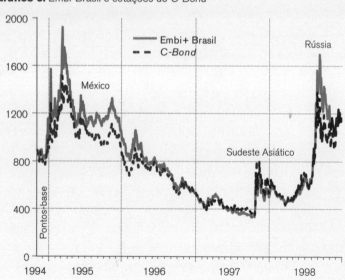

Gráfico 3. Embi-Brasil e cotações do *C-Bond*

lhantes, o Embi tendia a se elevar mais diante desse tipo de evento quanto mais frágil fosse o país vitimado pelo contágio, o que explica os picos ocorridos nas crises do México, dos países do Sudeste Asiático e da Rússia. Porém, a elevação do Embi é apenas uma das manifestações do contágio. A outra é a saída de capitais e a queda das reservas. Tomemos um país que tem dois tipos de títulos de dívida soberana: um emitido e negociado em dólares no mercado financeiro internacional, como os *Brady Bonds*, que entra no cômputo de seu Embi; e outro emitido e negociado no mercado financeiro interno e na sua própria moeda. Como ambos são substitutos e, exceto o risco de câmbio, têm o mesmo risco soberano, se ocorrer uma elevação do risco assistiremos a uma queda da demanda por ambos, o que reduz os preços dos títulos negociados no exterior, aumentando o Embi, além da venda de títulos no mercado doméstico e da saída de capitais, o que leva à depreciação cambial. Ou seja, a elevação do Embi é um indicativo de que há um ataque às reservas do país, para o qual há duas consequências possíveis: ou o país eleva a taxa de juros que, se fosse vista pelos investidores internacionais como suficiente para compensar o crescimento do risco soberano, poria fim ao ataque às reservas; ou não há elevação da taxa de juros que seja vista como suficiente para compensar o risco, o que leva ao fim do regime de câmbio fixo e à adoção da livre flutuação cambial.

Nesse ponto, vale a pena olhar para dois episódios que à época do ataque às reservas brasileiras eram amplamente conhecidos e indicavam com clareza que terminaríamos na livre flutuação cambial. O primeiro é o ataque especulativo contra a *krona*, na Suécia, em 1991.[23] Em 16 de setembro daquele ano, o governo sueco se defendeu do ataque elevando a taxa de overnight para assombrosos 500% ao ano. Durante alguns dias, o mercado se acalmou, mas logo ocorreu um segundo ataque, que mesmo com uma nova elevação da taxa de overnight não impediu a maxidesvalorização seguida da flutuação da *krona*. Qualquer investidor minimamente informado sabe que taxas de overnight de 500% são de todo insustentáveis, o que significa que, nesse caso, não havia como defender a *krona*. Um segundo exemplo, bem mais glamoroso, é o ataque especulativo à libra esterlina, quando por um curto período, durante o governo Thatcher, a Inglaterra manteve o câmbio fixo em relação ao marco alemão. Thatcher, consistente com a sua formação neoliberal e seguidora das ideias de Von Hayek, era visceralmente contrária à participação do Reino Unido no euro e por isso se negava a participar da fase preparatória, na qual os países fixariam suas taxas cambiais em relação ao marco alemão. A forte pressão fez com que ela cedesse, mas logo de início declarou que "se tivesse que optar entre defender o *British Pound* ou o nível de emprego dos trabalhadores do Reino Unido não teria dúvidas em defender o emprego", o que requeria que o Banco da Inglaterra elevasse a taxa de juros para evitar a queda das reservas. Ela cedeu com relutância, mas George Soros estava atento ao dilema e promoveu um ataque especulativo, que fez com que o Reino Unido retornasse à livre flutuação do *British Pound*. Os detalhes desse segundo episódio são vivamente descritos por Sebastian Mallaby (2011):

> A unificação da Alemanha criou uma pressão inflacionária que empurrou o Bundesbank a elevar a taxa de juros. Capitais eram atraídos para a Alemanha, pressionando moedas tais como a lira italiana e o *British Pound*. A Alemanha se negava a reduzir a taxa de juros, e nem a Itália, nem a Inglaterra estavam dispostas a elevar suas taxas de juros devido à recessão. As pressões cresceram até o desenlace. O *Chancelor of the Exchequer* era Norman Lamont, e o presidente do Banco da Inglaterra era Leigh-Pemberton.

Enquanto os dois discutiam sobre a intensidade das intervenções que o Banco da Inglaterra deveria proceder para sustentar a libra presa ao marco alemão, chegou às mãos de Leigh-Pemberton o texto da entrevista dada pelo presidente do Deutsche Bundesbank, Helmut Schlesinger, na qual este afirmava que deveria ocorrer um amplo realinhamento nas moedas europeias. Essa era uma afirmação que praticamente condenava o *Pound* a uma depreciação. Os ingleses se dispunham a intervir no mercado de câmbio para sustentar o *Pound*, mas não a elevar a taxa de juros, e a afirmação de Schlesinger indicava que a Alemanha não reduziria a sua taxa de juros para ajudar os ingleses, assumindo a posição de que o desequilíbrio teria que ser resolvido com o realinhamento das moedas. Essa era a confirmação de que George Soros precisava para atacar a libra com uma enorme probabilidade de sucesso.

Uma sucessão de ataques às reservas

Em 1994, tivemos a crise do México. O temor de que o Brasil pudesse ser a próxima vítima levou parte dos investidores a vender títulos brasileiros de dívida soberana, deprimindo seus preços e elevando as taxas de juros no mercado secundário, o que fez o Embi passar de oitocentos para mais de 1200 pontos base. Mas essa não foi a única consequência. No âmago da crise mexicana estavam déficits em contas-correntes e um câmbio real valorizado (Dornbush, Goldfajn e Valdes, 1995), que se refletiam no evidente descolamento entre *yields* e *cetes* (um título do governo mexicano denominado na moeda do país) e *tesobonus* (um título do governo mexicano expresso em dólares).[24] No Brasil, ocorria algo semelhante, elevando os déficits nas contas-correntes e com o câmbio real se valorizando, ainda que com efeitos parcialmente compensados pelos ganhos de relações de troca, que em 1994 haviam saltado para um patamar mais alto (gráfico 4). A contrapartida da elevação do Embi foi a parada brusca de entrada de capitais e/ou a sua saída do país. O efeito líquido desse movimento foi uma perda de reservas que chegou perto de 10 bilhões de dólares em poucos meses (gráfico 5).

Quando isso ocorre, o governo tem que escolher entre abandonar o câmbio fixo, deixando-o se depreciar, o que estanca as saídas de capitais e mantém as reservas intactas; ou elevar fortemente a taxa de juros, de modo a cobrir tanto o risco de default da dívida soberana quanto o de uma desvalorização cambial, que atinge os investidores posicionados em títulos denominados na moeda corrente do país. O comportamento da taxa de juros e sua comparação com as taxas de inflação são mostrados no gráfico 6. Com taxas de inflação ainda elevadas, em torno de 30% ao ano, a taxa Selic foi colocada acima de

Gráfico 4. Câmbio real e relações de troca

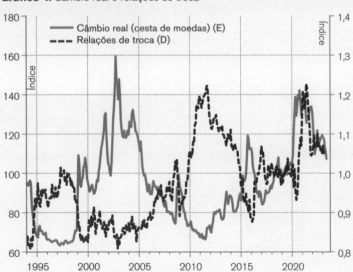

Gráfico 5. Reservas internacionais

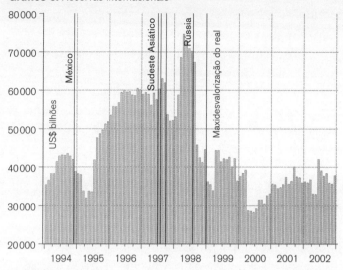

Gráfico 6. Taxa de juros (Selic nominal) e taxas de inflação

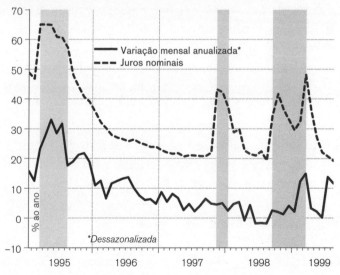

60% ao ano. Apesar do custo do ajuste, que fica claro pela magnitude "estratosférica" das taxas nominais e reais de juros, o governo teve sucesso em estancar a saída de capitais e estimular novos ingressos, o que logo recompôs o estoque de reservas, e assim o Brasil manteve o regime de câmbio fixo.

O segundo episódio, em 1997, teve consequências semelhantes. Dessa vez, a crise se iniciou na Tailândia, um país com desajustes econômicos muito grandes e que, na tentativa de defender a sua moeda, o *Baht*, passou a vender dólares *forward*, como se fosse uma intervenção inocente no mercado futuro de câmbio. A distinção entre vendas de câmbio no mercado futuro e vendas de dólares *forward* não é semântica. O Banco Central do Brasil opera no mercado futuro através de swaps de DI — depósito interbancário — por dólar, no qual um investidor que queira cobrir o risco de uma depreciação realiza um swap em que adquire um ativo com correção em dólares de seu valor nominal em troca da renúncia em se beneficiar da taxa de juros.[25] Ao emitir o swap, o Banco Central garante o seu pagamento no vencimento em reais, porém com o valor corrigido de acordo com a taxa de câmbio daquele momento. No entanto, o que o Banco Central da Tailândia fazia era muito diferente, pois se comprometia a entregar os dólares à taxa daquele momento. Em resumo, "por baixo dos panos" vendia reservas. Quando os investidores tomaram consciência de que o valor acumulado das vendas de câmbio *forward* já havia esgotado o total das reservas, a maxidesvalorização foi inevitável, provocando contágio sobre outras economias da região, como Malásia, Cingapura e Coreia do Sul. O episódio tem aspectos teóricos fascinantes, com diferenças entre os países, e foi analisado em vasta literatura.[26]

O contágio da crise do Sudeste Asiático nos países da América Latina, inclusive o Brasil, foi bem menos intenso do que o da crise do México,[27] o que é atestado pela elevação do Embi em escala mais reduzida (gráfico 3). Para reafirmar o seu compromisso com o câmbio fixo, o governo acelerou a venda de títulos públicos indexados ao câmbio e intensificou as operações com swaps cambiais. Os swaps não são liquidados em dólares, mas em reais, por isso o Brasil não estava exposto ao mesmo risco que contribuiu para a crise da Tailândia de 1987. Embora a reversão dos fluxos no contágio da crise do Sudeste Asiático tenha sido rápida, os fundamentos da economia brasileira continuavam frágeis.

No início de 1995, havia a expectativa de melhora na situação fiscal, mas já tínhamos um real valorizado, ainda que com efeitos mitigados pelos ganhos de relações de troca. Em setembro de 1997, o governo anunciou um pacote fiscal que tinha um número de medidas impressionante: o "pacote 51", como foi jocosamente batizado por listar 51 medidas, porém com eficácia muito baixa. O seu anúncio tornou evidente que não havia disposição de usar a política fiscal, permanecendo sobre a política monetária a carga do ajuste ao crescente desequilíbrio no balanço de pagamentos, e, de fato, a taxa de juros foi outra vez elevada para 40% ao ano quando a inflação medida pelos preços aos consumidores já havia caído para perto de 5% ao ano (gráfico 6). A elevação estancou a perda de reservas, e mais uma vez o regime de câmbio fixo foi mantido.

Em 1998, não foi o México ou a Tailândia que sofreram ataques especulativos, mas a Rússia, um país fortemente endividado e considerado no mercado financeiro internacional como *too big to fail* [grande demais para quebrar]. Apesar dos esforços de Stanley Fischer, então *Deputy Managing Director* do FMI, e de Larry Summers, que na época ocupava a posição de *Undersecretary* para assuntos internacionais no Tesouro dos Estados Unidos, era patente que a crise levaria, como de fato levou, à flutuação cambial na Rússia, precedida por uma maxidesvalorização. Em que condições o Brasil foi pego por essa crise? Como já exposto, estávamos sujeitos à "trindade impossível", mas ainda assim com baixa eficácia da política monetária para controlar a demanda agregada. Consciente de que o país precisava realizar reformas que corrigissem a política fiscal, produzindo superávits fiscais primários, o governo já havia entrado em contato com o FMI para negociar um acordo do tipo Stand By, que reforçasse suas reservas e permitisse migrar "suavemente" (embora essa migração nunca fosse suave) para um novo regime econômico. No plano político, FHC estava no ano final de seu mandato e na disputa eleitoral enfrentaria Lula, um opositor forte. Devido à aprovação da emenda constitucional 16, que restabeleceu a reeleição, Fernando Henrique viu sua base parlamentar se enfraquecer, o que dificultava a execução de programas que exigissem a aprovação do Congresso. Havia, assim, razões políticas óbvias que o inibiam de buscar logo um acordo com o FMI, que exigiria condicionalidades, entre as quais estavam elevados superávits fiscais primários, o que sem dúvida seria explorado por seu adversário. Foi nesse contexto político que ocorreu a crise da Rússia, e os investidores internacionais estavam atentos às oportunidades de realizar ganhos, após alcançar sucesso em episódios anteriores.

Havia uma eleição presidencial à vista, e por isso vale a pena olharmos para a economia política das idas e vindas desse episódio. Em 17 de setembro de 1998, bem antes de nossa crise cambial, em um artigo intitulado "Will Brazil Be Next?" [O Brasil será o próximo?], a prestigiosa revista *The Economist* comentava:

> A crise financeira internacional que começou na Ásia, e em seguida levou a Rússia a uma crise econômica e política, infectou a América

Latina. As moedas da região estão sob pressão intensa. Investidores estrangeiros e domésticos estão em pânico e agindo para manter seu capital intacto. O Brasil, que é responsável por metade do produto da região, está defendendo sua moeda com juros de 40% ao ano — e é um país com uma inflação de apenas 4% ao ano. Se falhar, as consequências serão dolorosas para os países vizinhos, e a economia mundial será submetida a um novo choque.

A evidência de que "as moedas da região estão sob pressão intensa" é atestada pelo fato de que, alguns meses após a crise da Rússia, o valor da privatização da Telebras, que elevara as reservas brasileiras para mais de 70 bilhões de dólares em 1997, declinou para 35 bilhões de dólares (gráfico 5).

Dentro da equipe econômica do governo FHC, o único defensor da âncora cambial era o presidente do Banco Central, Gustavo Franco. É dele a concepção da URV e sua transformação na moeda do país, o real, após a primeira fase da reforma monetária. Também é dele a arquitetura do regime de bandas cambiais deslizantes. Ninguém mais na equipe econômica defendia o regime de câmbio fixo, dedicando-se a preparar a migração para o regime de câmbio flutuante com metas de inflação. Quando, em 14 de janeiro de 1999, já com a crise em andamento, Gustavo Franco foi demitido do Banco Central, levando à desvalorização inicial de "apenas" 8%, que foi entendida por alguns como controlada, um novo comentário em *The Economist* afirmava que o

> presidente Cardoso está indelevelmente ligado a um real forte — uma política que ele mesmo inventou. Há apenas um ano, em uma entrevista a *The Economist*, o sr. Cardoso deixou claro que a desvalorização, quando ocorresse, seria um desastre político. De fato, é difícil ver a enfraquecida administração de Cardoso com

credibilidade suficiente para implementar as medidas necessárias para restaurar a confiança. Uma desvalorização controlada e o retorno da confiança por parte dos investidores seriam bem-vindos, mas as chances são muito pequenas.

Fernando Henrique era vítima de seu sucesso. Para capitalizar politicamente o êxito do Plano Real, usou tanto a frase "o real vale mais que o dólar" que não poderia negá-la; ainda que na posição de presidente da República não podia alterar o curso da história. Vários dos artífices do Plano Real foram alunos de Stanley Fisher no Massachusetts Institute of Technology (MIT), e com ele aprenderam que a âncora cambial é o caminho de menor custo na primeira fase de um programa de estabilização, como era o nosso caso, cuja segunda fase é migrar para o câmbio flutuante com uma âncora monetária. Sabiam, portanto, qual seria a forma final do plano, assim como FHC. O presidente poderia tentar defender o câmbio fixo, mas para isso teria que manter as taxas de juros em níveis extremamente elevados, o que nos meses finais de seu mandato iniciaria uma recessão que seria explorada politicamente por seu adversário. A alternativa era, com a ajuda do FMI, construir um novo regime de política econômica, fundamentado no câmbio flutuante e nas metas de inflação. O Relatório do Banco Central de 1998 expõe como isso vinha sendo feito:

> Um programa de ajuda financeira internacional ao país, no valor de 41 bilhões de dólares, foi elaborado com a participação do FMI, do Bird, do BID, do Banco do Japão e do BIS, sendo este último responsável, também, pela coordenação de diversos países participantes do programa. O programa supracitado foi uma das iniciativas do sistema financeiro internacional, no sentido de atenuar os efeitos da crise e evitar o contágio a outras economias.

Para tanto foi fundamental a implementação do aumento de cotas do Fundo Monetário Internacional e do New Arrangements to Borrow (NAB), ativado pela primeira vez.

Foi nesse clima que ocorreu o contágio da crise da Rússia. Supunha-se que o país seria "grande demais para quebrar" e que seria "resgatado" pelos países desenvolvidos, o que elevou a exposição de investidores ao risco russo. Em julho de 1998, a taxa cambial nos segmentos comercial e financeiro começou a se desprender do chão da banda de flutuação, permanecendo próximo do topo, enquanto a taxa no segmento "flutuante" se igualou ao topo do corredor (gráfico 7). As saídas se acentuaram, quer no segmento comercial, quer no flutuante. Nesse mesmo ano, em um único mês, o Banco Central vendeu quase 20 bilhões de dólares, provocando uma forte queda das reservas internacionais.

Gráfico 7. Minibandas e taxas cambiais durante o contágio da crise russa

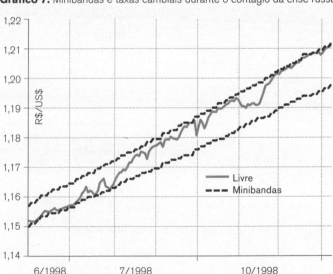

Governos racionais estancam essa hemorragia com a flutuação cambial — e isso era sabido por investidores e especuladores — e analisam o benefício de permanecer no regime, que lhes dá a ancoragem da inflação, em relação ao custo, aferido pelo efeito das taxas de juros elevadas sobre a trajetória da dívida, o nível da atividade econômica e a taxa de desemprego. Independente de quantas vezes tenha reafirmado que desejaria manter o câmbio fixo, FHC não tinha alternativa. Os custos superavam os benefícios — econômicos e políticos —, e assim o Brasil se encaminhava para o regime de metas de inflação e de flexibilidade cambial.

2
O longo caminho rumo às metas de inflação e flutuação cambial

O regime de metas para o câmbio real

As reformas realizadas pelo Programa de Ação Econômica do Governo, em 1966, não deram indicações sobre mudanças no regime cambial, o que significa que continuávamos presos ao compromisso assumido na época da nossa adesão ao regime de Bretton Woods de manter o câmbio fixo, reajustando-o apenas quando ocorressem desequilíbrios fundamentais no balanço de pagamentos. Um dos objetivos de Roberto Campos e de Gouveia de Bulhões, os autores do Paeg, era encerrar a prática de restrições ao comércio, que desde 1946 vinha sendo usada para evitar o desequilíbrio no balanço de pagamentos. Assim, em 1947, para deixar claro que havia um objetivo bem mais ambicioso — a liberalização do comércio internacional —, foi aprovada uma redução linear de tarifas. Com o câmbio fixo e sem o uso das restrições ao comércio, era preciso aprimorar instituições e instrumentos da política monetária para manter o equilíbrio no balanço de pagamentos. Por isso, e talvez antecipando que no futuro o país poderia aderir ao regime de câmbio flutuante, com o controle da inflação sendo exercido pela política monetária, os autores do plano decidiram criar um banco central, que assumiria a tarefa que vinha sendo executada de forma precária por um departamento do Banco do Brasil, a Sumoc. Porém, nem o recém-nascido Banco Central foi proibido de financiar os déficits do Tesouro, nem se cogitou dotá-lo das condições para a execução da política monetária através de operações de mercado aberto. Ele não tinha nenhum poder na formulação e na execução da política monetária, e até a criação da Secretaria do Tesouro Nacional, que ocorreu apenas em 1986, era ele quem administrava a dívida pública, caracterizando uma relação promíscua entre as políticas monetária e fiscal.

Foi com essa estrutura institucional extremamente frágil que, em 1968, Delfim Netto assumiu o comando da política econômica. Durante o seu período no Ministério da Fazenda, adotamos um regime cambial cujo objetivo era o de atingir metas para o câmbio real. Esse regime levou a uma economia sem nenhuma âncora nominal e ao que foi impropriamente definido como uma "inflação inercial". Para deixar claro como isso ocorreu, temos que olhar em detalhe quais eram os objetivos de Delfim Netto no campo da política econômica e quais instrumentos foram utilizados.

O objetivo prioritário do programa posto em prática por Delfim Netto era acelerar o crescimento econômico, e para isso ele concebeu um modelo de estímulos às exportações de produtos manufaturados com duas estacas de sustentação. A primeira era um sistema de subsídios às exportações. Além da plena isenção dos impostos, tornada possível pela criação do Imposto sobre Circulação de Mercadorias (ICM) e do Imposto sobre Produtos Industrializados (IPI), na forma de impostos sobre o adicionado,[1] as exportações se beneficiavam de um crédito prêmio, que se materializava na forma de um pagamento em dinheiro, em valor idêntico ao da isenção do imposto. Era, portanto, um subsídio, ao qual se somaram vários outros, quer através de demais créditos tributários, quer através de empréstimos realizados pelos bancos públicos a taxas subsidiadas.[2] A segunda estaca de sustentação eram as metas para o câmbio real. Naqueles anos vinha crescendo o número de países que conviviam com a inflação e usavam o reajuste cambial em uma regra de paridade de poder de compra — PPP, na sigla em inglês —, com o câmbio sendo reajustado de acordo com o diferencial entre a inflação doméstica e a internacional. O objetivo era impedir que, através da valorização do câmbio real, a inflação desestimulasse as exportações. Porém, logo ficou claro que essa prática eleva a persistência de choques inflacionários, ou seja, aumenta o grau de inércia da inflação, e vale a pena deixar claro o argumento. A indexação de preços e salários não é a única forma de rigidez de preços nem a única fonte da inércia. Uma delas são os reajustes salariais justapostos, como nos ensinou Taylor (1959). Em um modelo no qual a fonte da rigidez de preços são os reajustes salariais justapostos, e não a indexação, Dornbusch (1982) demonstrou que a depreciação cambial em uma regra de PPP amplia a persistência de um choque na inflação, ou seja, eleva seu grau de inércia. A advertência dada por Dornbusch era clara: ao aumentar a inércia, a busca por metas para o câmbio real tem efeitos inflacionários. Além disso, aprendemos que não era fácil sustentar as metas desejadas para o câmbio real. Com base em um modelo intertemporal, Calvo, Reinhart e Végh (1994) demonstraram que um câmbio real mais depreciado só poderia ser atingido de forma temporária e, dependendo do grau de mobilidade de capitais, resultaria ou em mais inflação, ou em juros reais mais altos. A intuição para tais resultados é clara: se a mobilidade de capitais for baixa, há um ingresso de capitais insuficiente para valorizar o câmbio, cuja depreciação eleva a inflação; e se a mobilidade de capitais for alta, o câmbio tende a se valorizar rápido, o que impede que a meta de câmbio real seja atingida.

Porém, mais importante ainda são os efeitos monetários da correção cambial em uma regra de PPP. Para facilitar o entendimento, vou utilizar uma demonstração baseada na aproximação monetária do balanço de pagamentos, cujos conceitos e origens históricas são expostos por Frenkel e Johnson (1976). Em uma economia aberta e com mobilidade de capitais, um superávit no balanço de pagamentos (ou seja, um aumento das reservas) eleva o ativo do balanço consolidado da autoridade monetária tanto quanto uma expansão de igual magnitude do déficit público. Denominando esse segundo grupo de contas como "crédito interno líquido", a expansão da base monetária, do lado do passivo, é igual à soma das expansões do crédito interno líquido e da acumulação de reservas, que se situam do lado do ativo. Naquele formato sobre a execução da política monetária, um aumento da oferta de moeda era realizado ao aumentar as contas do ativo sobre as quais a autoridade monetária supostamente teria controle, que são as componentes do crédito interno líquido, tais como eram os empréstimos ao setor privado proporcionados pelo Banco do Brasil, os gastos na política de sustentação de preços dos produtos agrícolas, os pagamentos ao Tesouro, os subsídios, entre outros.[3] Tomemos, agora, um caso extremo no qual há plena mobilidade de capitais. Para defender uma meta para o câmbio real, o governo eleva a frequência dos reajustes do câmbio nominal de forma a manter o câmbio real aproximadamente constante, mas para reduzir a inflação promove um aperto monetário acionando o instrumento de que dispõe — a totalidade do crédito interno líquido —, que é submetido a uma contração. Quanto maior for essa contração, maior será a elevação da taxa doméstica de juros, o que induz a um maior ingresso de capital que precisa ser comprado pelo Banco Central, elevando as reservas para impedir que o câmbio real se valorize de forma a atingir a meta para o câmbio real, ou seja, a acumulação de reservas neutraliza o efeito sobre a taxa de juros vindo da contração do crédito doméstico, impedindo a queda da oferta de moeda. Em conclusão, através dos resultados da balanço de pagamentos, a oferta de moeda adquire um comportamento endógeno. Como não há inflação controlada sem que exista uma âncora nominal, e como no regime de metas para o câmbio real a moeda não pode ser a âncora, porque devido ao comportamento das reservas ela se ajusta de forma passiva mesmo que o Banco Central tenha o poder de controlar o crédito interno líquido, e como o câmbio não pode ser a âncora, porque se ajusta à inflação passada, desaparece a capacidade de controlar a inflação. Essa é a essência da demonstração realizada por Adams e Gros (1986), que é, para mim, a primeira explicação clara sobre como as minidesvalorizações que têm por objetivo uma meta para o câmbio real levaram ao que no Brasil ficou impropriamente conhecido como uma "inflação inercial".

A conclusão é que a "inflação inercial" tem uma causa bem mais complexa do que a simples indexação de preços e salários. O aumento do grau de indexação — tanto quanto qualquer outra forma de rigidez de preços — eleva a inércia, definida com o grau de persistência, que é o período necessário para que os efeitos inflacionários do choque se dissipem, mas, para que esse processo degenere em um em que os choques sobre a inflação não mais se dissipem e se incorporem a ela de forma permanente, não pode existir nenhuma âncora nominal, que é uma propriedade que os autores dos sucessivos "planos heterodoxos" — do Plano

Cruzado ao Plano Collor — nunca conseguiram compreender. Diante daquelas condições, a taxa de juros não poderia ser a âncora, quer porque dado o arranjo institucional existente naquele momento o Banco Central não tinha o poder de realizar a política monetária, quer porque em um regime de metas para o câmbio real isso é impossível.

O que foi exposto permite entender por que, ao romper com aquele regime e ao adotar uma âncora cambial, que inicialmente foi o câmbio fixo, o Plano Real teve sucesso em controlar a inflação, além de explicar o fracasso dos planos heterodoxos que ocorreram entre 1986 e 1994, nos quais nunca houve uma âncora nominal ou a devida compreensão de que ela era necessária para o controle da inflação.

Rumo a uma economia sem âncora nominal

O ano de 1973 marca a elevação dos preços internacionais do petróleo realizada pelo recém-formado cartel da Organização dos Países Exportadores de Petróleo (Opep) e primeiro ato de uma sequência que levou ao final do regime de Bretton Woods, no qual os países fixavam suas taxas cambiais em relação ao dólar norte-americano, com os Estados Unidos fixando o preço do ouro e garantindo a conversibilidade em ouro das reservas em dólares dos demais países. Em fevereiro de 1970, Arthur Burns assumiu a presidência do Federal Reserve e logo cedeu às pressões de Nixon para manter baixa a taxa de juros. Durante muito tempo se especulou qual teria sido a razão para essa atitude, mas os diálogos telefônicos entre Burns e Nixon, revelados com a publicação das transcrições relativas ao caso Watergate, não deixaram dúvidas de que havia uma motivação política.[4] O modelo Mundell-Fleming prega que no regime de câmbio fixo os países perdem autonomia monetária, e uma expansão monetária nos Estados Unidos se transformava em expansão monetária e em inflação mundiais.[5] Na Europa, o crescimento da oferta de moeda provocado pela expansão monetária norte-americana estimulou o sistema bancário a elevar a oferta de empréstimos não apenas para empresas privadas e estatais ao redor do mundo, como também para países que, por isso, poderiam explorar essa fonte para financiar déficits nas contas-correntes. A indisciplina monetária norte-americana impedia que o país exercesse o papel que a ele cabia no regime de Bretton Woods, e em 15 de agosto de 1971 Nixon tomou a decisão de fechar a *gold window*, como era chamada a conversão do dólar em ouro entre as autoridades monetárias, para o preço do ouro fixado pelos Estados Unidos. Embora o regime de Bretton Woods legalmente ainda sobrevivesse até 1973, seu fim estava decretado a partir daquela decisão. Ao mesmo tempo, foram instituídos controles de preços e salários nos Estados Unidos — o que foi copiado por Delfim Netto, no Brasil —, e Nixon impôs uma tarifa externa sobre importações. Diante disso, os países da Europa poderiam iniciar, de imediato, a livre flutuação de suas moedas, mas durante vários anos ainda preferiram mantê-las dentro de um intervalo entre −1% e +1% em torno de uma paridade central em relação ao dólar norte-americano.[6] Embora de jure o regime de Bretton Woods estivesse extinto em 1973, de facto os países continuaram a manter as taxas cambiais fixas. Para a Europa, o dólar adquiriu a categoria de numerário do sistema e passou a ser a moeda de intervenção utilizada para defender a paridade cambial, o que levou à sua utilização como moeda reserva, preservando a característica do período anterior ao fechamento da *gold window*, com a oferta mundial de moeda e de crédito ainda crescendo e estimulando empréstimos bancários em eurodólares.

Em 1973 ocorreu, também, a primeira elevação dos preços internacionais do petróleo (gráfico 1). A inexistência de fontes alternativas de energia tornava a demanda de petróleo extremamente inelástica em relação ao seu preço, e a única forma de evitar o crescimento dos déficits nas contas-correntes dos países importadores dessa fonte de energia seria uma desvalorização cambial acompanhada da forte contração da absorção doméstica, o que abriria espaço nas contas-correntes para acomodar o aumento da importação de petróleo, porém à custa de uma recessão forte e prolongada. A alternativa seria a realização de um ajuste mais suave, buscando em um prazo mais curto uma queda menor nos déficits em contas-correntes, que seriam financiados com os empréstimos externos tomados junto aos bancos. Esse foi o caminho encontrado pelo Brasil. Em 1974, Ernesto Geisel assumiu a presidência da República

Gráfico 1. Preços do petróleo em termos reais

e nomeou Mário Henrique Simonsen como ministro da Fazenda. Sob a influência do ministro do Planejamento João Paulo Veloso, foi tomada a decisão de enfrentar a crise do petróleo com uma nova rodada de substituição de importações, dessa vez concentrada na produção de insumos básicos e de bens de capital. Foi assim que nasceu o segundo Plano Nacional de Desenvolvimento (II PND). Acreditava-se que a substituição de bens de capital e de insumos básicos por produção doméstica reduziria a sua importação e, com isso, abriria espaço nas contas-correntes para acomodar o aumento das importações de petróleo. Ademais, se esse programa de investimentos fosse financiado em grande parte com empréstimos externos tomados junto ao sistema bancário internacional, o ingresso de dólares permitiria financiar os déficits nas contas-correntes que, acreditava-se, seriam temporários por causa do suposto sucesso do programa de substituição de importações. Com isso tinha início a acumulação de uma dívida externa que nos exporia à crise da dívida dos anos 1980.

Diante da decisão de Geisel de financiar com empréstimos externos os déficits nas contas-correntes derivados do aumento dos preços do petróleo, a prioridade número um de Mário Henrique Simonsen era cuidar de que ocorressem as captações de empréstimos externos sob o amparo da lei nº 4131, realizados por empresas — parte importante das quais era estatal —, pelos governos federal e estaduais e por alguns bancos brasileiros, que os repassavam às empresas obedecendo à regulamentação da Instrução 63 do Banco Central. Para essa tarefa contou com a colaboração de um excelente diretor do Banco Central, Fernão Bracher, que em 1985 viria a ser presidente da instituição. Durante esse período, o Brasil foi acumulando uma dívida externa que cresceu e ocupou uma proporção elevada de nosso passivo externo.

Em 1979, ocorreram dois novos eventos com repercussões bem mais graves. O primeiro foi a segunda elevação dos preços internacionais do petróleo, que praticamente dobraram em termos reais. Nesse período, o nosso déficit nas contas-correntes já havia se elevado para uma média em torno de 5% do PIB, aumentando a exigência de recursos externos necessários para impedir uma crise no balanço de pagamentos. O segundo foi a elevação da taxa de juros nos Estados Unidos realizada por Paul Volcker. Taxas de juros mais altas nos Estados Unidos atraíam capitais, com repercussões nos países europeus, que foram obrigados a flutuar suas moedas e elevar as taxas de juros, com reflexos negativos na oferta de empréstimos bancários. Financiar as necessidades de recursos no balanço de pagamentos foi se tornando cada vez mais difícil. Estava claro que nos encaminhávamos para uma crise que não atingiria apenas o Brasil, mas muitos países que seguiram um caminho semelhante ao nosso. Isso começou a ocorrer com a moratória mexicana decretada na reunião do FMI de Toronto, em agosto de 1982. Antes dela, ainda em 1979, e já diante das dificuldades crescentes de obter empréstimos que financiassem os déficits em contas-correntes, o Brasil promoveu uma primeira maxidesvalorização do cruzeiro, seguida de uma segunda, em 1983 (gráfico 2).

Sem dispor de uma âncora nominal que permitisse dissipar os efeitos inflacionários de um choque, como é o caso da desvalorização cambial, era previsível que ocorresse a passagem das taxas de inflação de um patamar mais baixo para outro mais elevado, o que de fato ocorreu (gráfico 3). Em 1983, diante do estancamento de todas as fontes de empréstimos externos e já em meio a negociações turbulentas com o FMI e com os bancos credores, foi realizada a segunda maxidesvalorização, colocando outra vez a inflação em um patamar ainda mais elevado. Estavam lançadas as bases para um período caótico,

Gráfico 2. Taxas de variação trimestral do câmbio nominal

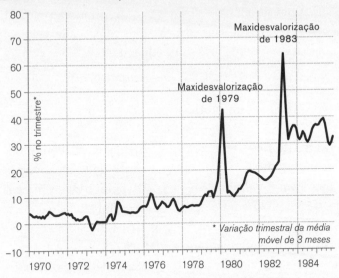

Gráfico 3. Taxas de inflação

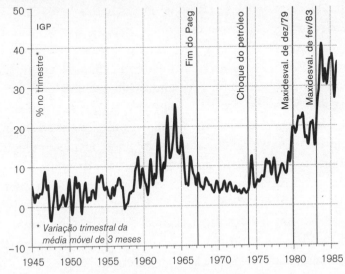

no qual, além de uma crise de balanço de pagamentos que não tinha solução à vista, enfrentávamos uma inflação elevada, cuja solução exigia um diagnóstico e uma capacidade de tomar decisões da qual estávamos muito distantes.

Um período caótico

Em março de 1986, com a crise da dívida externa em pleno desenvolvimento e com as taxas mensais de inflação medidas pelo Índice Geral de Preços — Disponibilidade Interna (IGP-DI) se aproximando de 20% ao mês, foi lançado o Plano Cruzado, que se baseava no diagnóstico de que a inflação não seria um fenômeno monetário nem fiscal, mas exclusivamente consequência da indexação de preços, salários e contratos. Para debelá-la, o Plano Cruzado congelou temporariamente os preços, aboliu a indexação e impôs regras que deveriam ser seguidas para substituir os contratos antigos que haviam sido negociados e assinados quando as partes ainda buscavam se defender dos efeitos da inflação por novos contratos, que passariam a estar vigentes em um clima de estabilidade de preços. Por fim, para deixar claro que daquele ponto em diante viveríamos em uma economia com estabilidade de preços, foi criada uma moeda — o cruzado —, que substituiria a moeda antiga — o cruzeiro — com um milésimo de seu valor. Diante da convicção dos autores do plano de que a inflação não seria um fenômeno monetário, não se cogitou uma âncora monetária, enquanto tampouco uma âncora cambial teria sido possível diante da crise da dívida externa e do impasse nas negociações com o FMI e com os bancos credores, que em março de 1987 levou o governo brasileiro a decretar a suspensão do pagamento de juros sobre a dívida externa.

Para os autores do Plano Cruzado, o Brasil não tinha um problema fiscal, mas ignoravam que o tamanho pequeno e com baixo crescimento da dívida pública, que embasava essa hipótese, não decorria da ausência de um déficit público, mas de seu financiamento com senhoriagem, como demonstraram as evidências empíricas produzidas por Issler e Lima (1998) e por Pastore (1997). A inexistência de uma dívida pública não era fruto da disciplina fiscal, que não existia, mas um subproduto da dominância fiscal. Com a parada brusca da inflação, de imediato cessou a cobrança do "imposto inflacionário", que flutuava entre 3% e 5% do PIB, gerando um salto para cima no poder aquisitivo da população, expandindo a demanda. Os preços congelados combinados ao aumento do poder aquisitivo por conta da cessação do imposto inflacionário resultaram em todas as formas clássicas de fuga dos efeitos do congelamento, como a maquiagem de produtos. Nada disso foi capaz de evitar prateleiras vazias em supermercados. As burlas ao congelamento deixaram claro que aquele não era o caminho para eliminar a inflação, que se transformou em uma inflação reprimida pronta para explodir assim que o controle de preços fosse afrouxado ou abolido.

Embora logo ficasse claro que o fracasso do plano vinha de um diagnóstico errado, o Plano Bresser, lançado em 1987, ainda insistiu no mesmo diagnóstico e na mesma terapia, resultando em novo fracasso. O retorno da inflação — agora mais rápido e mais forte do que no Plano Cruzado — fez com que o sucessor imediato do Plano Bresser, o Plano Verão, em janeiro de 1989, de uma forma um tanto quanto envergonhada se limitasse a cortar três zeros da moeda antiga, substituindo-a pelo cruzado novo, sem cogitar o congelamento de preços. Diante da inexistência de uma âncora nominal e da continuidade da expansão fiscal, o retorno da inflação aumentava de intensidade após cada um desses planos (gráfico 4).

Gráfico 4. Taxas mensais de inflação

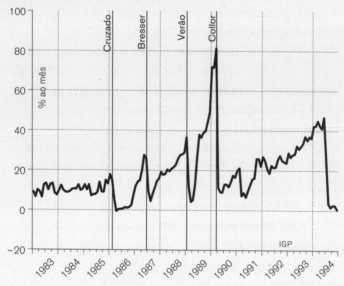

A elevação mais aguda da inflação ocorreu durante o ano de 1989, mas agora, sem que fosse dada a devida atenção à expansão monetária provocada pelo financiamento dos déficits públicos e diante das evidências de que a indexação de preços e salários seria incapaz de explicar a inflação, havia um novo diagnóstico. A existência de títulos públicos indexados e altamente líquidos começou a alimentar a hipótese de que a virulência da inflação seria fomentada por alguma forma de substituição de meio circulante, como a que vinha ocorrendo na Argentina. A repressão financeira, que na Argentina impediu o surgimento de ativos financeiros protegidos da inflação e que fossem expressos na sua própria moeda, fez com que os argentinos optassem por manter seus ativos em dólares, o que ao longo do tempo trouxe para o país um estoque de notas de dólares que era elevado em relação ao meio circulante na moeda local. Embora os dólares não tivessem poder liberatório, ou seja, não gozassem da obrigatoriedade de serem aceitos na quitação de obrigações, incluindo o pagamento de impostos, diante da magnitude do imposto inflacionário incidente sobre a moeda do país a sociedade poderia, de modo informal, passar a aceitar dólares na quitação de transações, o que começou a ocorrer. Se as duas moedas não mais se distinguem na função de intermediária de trocas, aquela cujo estoque real se deprecia menos expele a que se deprecia mais, resultando na substituição de meio circulante, que nada mais é do que uma forma de Lei de Gresham com o sinal contrário, o que foi observado com clareza na Argentina.[7]

Uma hipótese em voga no período é que a elevada liquidez da nossa dívida pública havia criado uma "moeda indexada" que, a exemplo da Argentina, funcionaria como substituto de meio circulante. Mas no Brasil não ocorreu a dolarização e, diante dessa restrição, não é fácil abandonar o uso da moeda do país em favor de algum outro instrumento de troca. Esse problema era conhecido tanto por Keynes, para quem "a conveniência de usar a moeda no dia a dia é tão grande que antes de abandoná-la o público se dispõe a pagar o imposto inflacionário",[8] quanto por Friedman, para quem "é necessário que ocorram taxas muito elevadas de inflação — na faixa de dois dígitos, persistindo por anos —, antes que as pessoas parem de usar a moeda que está obviamente sendo inflacionada",[9] isto é, tendo seu poder aquisitivo real reduzido pela inflação. Keynes e Friedman se referem ao meio circulante usado para quitar transações, e não a ativos financeiros, por mais líquidos que sejam. A inflação funciona como um imposto sobre os detentores de moeda, porque em seu conceito restrito (o meio circulante) ela paga uma taxa nominal de juros nula e tem um rendimento real (um *yield* real) negativo, igual à taxa de inflação esperada. Define-se o *yield* real de um ativo como a taxa de remuneração que sobra depois que o seu valor nominal foi corrigido para manter o valor real constante. Para que o estoque real de moeda permaneça constante, dada a taxa de inflação esperada, os indivíduos terão que acumular moeda nominal a uma taxa igual à da expectativa de inflação.[10] Em conclusão, a dívida pública pode ser tão líquida quanto o meio circulante, mas há entre os dois uma diferença fundamental. Devido ao pagamento de juros, cuja taxa nominal é a soma da taxa real de juros e da expectativa de inflação, o estoque real da dívida pública não se deprecia com a inflação, enquanto o estoque real de moeda é taxado pelo imposto inflacionário. Se o estoque da dívida fosse convertido em meio circulante, os indivíduos ficariam totalmente desprotegidos da incidência do imposto inflacionário, o que levaria a uma redução maciça do estoque real de moeda e a uma hiperinflação.

Foi em um clima de quase pânico, com a inflação se acelerando rápido e beirando a hiperinflação, que ao final de 1989 foi lançado o Plano Collor. Para estancar a suposta substituição de meio circulante, decidiu-se congelar temporariamente 80% do total dos ativos existentes — a "moeda indexada" —, equivalente a 30% do PIB. Ao mesmo tempo, foi retirada do cruzado novo a propriedade de poder liberatório, entregando--o à nova moeda, o cruzeiro. Todos os débitos então existentes deveriam ser liquidados na moeda antiga, e durante sessenta dias o governo permitiu que os impostos (federais, estaduais e municipais) pudessem ser pagos em cruzados novos. Como consequência, a perda do poder liberatório do cruzado novo não foi absoluta, mantendo-se parcialmente por sessenta dias, o que ensejou um mercado de trocas de titularidade dos depósitos em cruzados novos, que livremente determinava a taxa de conversão entre as duas moedas, com o governo indicando que, de forma eventual, faria leilões de conversão entre o cruzeiro e o cruzado novo. Depois de dezoito meses, o governo se comprometeu a devolver a massa remanescente de cruzados novos bloqueados, que rendiam correção monetária mais 6% ao ano, sendo a devolução realizada em doze meses.

Da mesma forma como nos planos anteriores, a inflação retornou. Sem uma âncora nominal, sem um regime fiscal que minimamente reduzisse os riscos e com um banco central que ainda não dispunha de instrumentos para controlar a inflação, o plano teria que fracassar. O Plano Collor foi a última aventura da heterodoxia monetária brasileira.

Avanços em meio ao caos

Dessa sequência de planos heterodoxos fracassados sobraram avanços que foram fundamentais para construir, com base no diagnóstico correto, o regime de política econômica que permitiu o controle da inflação. O primeiro deles foi a criação da Secretaria do Tesouro Nacional, em 1986, sendo o Banco Central proibido de financiar de forma direta o Tesouro. O Plano Cruzado deixou claro que havia um déficit público financiado com o imposto inflacionário e que havia uma fragilidade institucional que precisava ser eliminada. Até aquela data, a dívida pública era administrada pelo Banco Central, e para financiar o déficit com emissão de moeda bastava realizar os pagamentos através da conta movimento no Banco do Brasil. Em 1986, a conta movimento foi extinta, sendo substituída pela conta única do Tesouro no Banco Central, na qual os saques do Tesouro eram limitados ao valor depositado, cuja origem eram as receitas tributárias e os lucros das empresas das quais a União é proprietária.

Um segundo avanço ocorreu no campo dos instrumentos da política monetária. Inflações altas e voláteis tornam praticamente impossível uma boa execução da política monetária. Nos anos de inflações elevadas, e diante da tentativa — sempre frustrada — de vender títulos da dívida pública para financiar uma parte do déficit do Tesouro, era permitido que empresas financeiras, como corretoras e distribuidoras de valores, carregassem posições alavancadas de títulos públicos, que eram mantidas no ativo de seus balanços, sendo em grande parte financiadas com depósitos de overnight. Ao derrubar os preços dos ativos que lastreavam a operação, as elevações da taxa do overnight provocavam prejuízos que eram maiores conforme mais elevado fosse o grau de alavancagem da instituição, o que gerava crises financeiras frequentes, perturbando a execução da política monetária. Esse problema começou a ser resolvido apenas em 5 de abril de 1991, quando, ao aceitar a sugestão feita por um brilhante economista argentino radicado havia alguns anos no Brasil, Ruben Dario Almonacid, o então presidente do Banco Central Ibrahim Eris assinou a Resolução 863, que criava as Letras do Banco Central (LBC), o que começou a colocar racionalidade na execução da política monetária. As LBC pagavam uma taxa de juros fixa sobre o seu valor nominal corrigido pela taxa do overnight,[11] e com isso desapareciam as perdas que levavam a crises quando o Banco Central precisava elevar a taxa de juros. Assim, o Banco Central podia operar livremente a política monetária alterando a taxa de juros, sem se preocupar com o comportamento dos agregados monetários e sem temer gerar uma instabilidade financeira ou mesmo uma crise sistêmica. Ao adquirir a capacidade de fazer política monetária fixando a taxa de juros, sem se preocupar com os agregados monetários, o Banco Central adquiria o poder de controlar a inflação e, se necessário, estimular ingressos de capitais.

Há um episódio no qual a fixação da taxa de juros foi fundamental para evitar a saída de capitais e estimular o seu ingresso, evitando um problema de balanço de pagamentos em um momento no qual as reservas internacionais eram muito baixas. Em 1992, com Armínio Fraga na Diretoria Externa e Pedro Bodin na Diretoria de Política Monetária do Banco Central, já era claro que o Plano Collor havia fracassado, e não apenas as taxas mensais de inflação entraram em trajetória crescente, como havia o risco de que com reservas internacionais baixas as saídas de capital levassem a uma crise no balanço de pagamentos. Já dispondo das LBC para realizar a política monetária, e portanto livres dos riscos de variações nos preços dos ativos que expusessem a intermediação financeira a crises, o Banco Central tomou a decisão de atrelar de forma rígida as minidesvalorizações cambiais à inflação (gráfico 5),

Gráfico 5. Taxas diárias de juros mensalizadas e de correção cambial

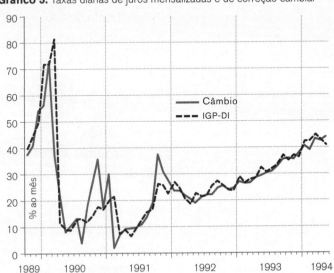

o que mantinha aproximadamente constante o câmbio real e tornava previsível o curso do câmbio nominal, ao mesmo tempo que passou a fixar os valores diários da taxa de juros — a Selic — um pouco acima das correções da inflação (gráfico 6). O objetivo era tornar claros os ganhos de *carry trade*, de forma a atrair dólares para o país e, com isso, eliminar o risco de uma crise do balanço de pagamentos em um momento crítico da economia brasileira. A ausência de reservas tornava necessária essa ação, e a experiência do período deixou clara a importância de contar com os instrumentos adequados na execução da política monetária, não apenas para o controle da inflação, mas também como instrumento auxiliar na manutenção do equilíbrio do balanço de pagamentos.

O avanço mais importante do ponto de vista da preparação do que viria com o Plano Real foi o fim do problema da dívida

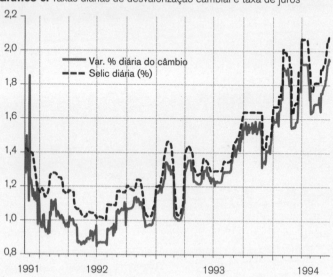

Gráfico 6. Taxas diárias de desvalorização cambial e taxa de juros

externa, que se arrastava desde os anos 1980 e deixou de existir com a adesão brasileira ao Plano Brady, como foi exposto no capítulo 1. No Brasil, em 1991, havia um novo ministro da Fazenda, Marcílio Marques Moreira, que assumiu o comando das ações tomadas para qualificar o país a participar do plano, indicando como negociador Pedro Malan. A conclusão das negociações se tornou uma condição fundamental para que o Plano Real pudesse ser lançado em 1994 sem as amarras da dívida externa.

A opção pelo regime de metas de inflação

Com o poder da ancoragem cambial reforçado pelo controle de capitais, que mesmo com a taxa cambial fixa deu à política monetária alguma eficácia para utilizá-la influenciando a demanda agregada com o objetivo de controlar a inflação, no início de 1999 se encerrava com sucesso a primeira fase do Plano Real. Em 1998, com o forte ataque às nossas reservas, que declinaram para níveis criticamente baixos devido ao contágio da crise da Rússia, e com vistas a estruturar o nosso novo regime de política econômica, o governo brasileiro iniciou as negociações para um acordo com o FMI que levaram às propostas contidas no memorando de entendimento publicado em 9 de março de 1999. Conduzidas pelo ministro Pedro Malan, as negociações contaram com o apoio de Stanley Fischer, que à época era o primeiro Deputy Managing Director do FMI e que, como foi exposto no capítulo 1, sabia melhor do que ninguém que a estratégia mais adequada na passagem de uma inflação alta para a estabilidade de preços seria, em uma primeira fase, usar a âncora cambial para, em seguida, transitar para uma âncora monetária combinada com a flutuação cambial. Para contar com o apoio do FMI, o governo brasileiro se comprometia, tão logo estivesse pronto para tal, a aderir ao regime de metas da inflação e a implementar uma política fiscal com metas para os superávits primários, não apenas mantendo-os acima de 3% do PIB de forma a reduzir a dívida pública bruta para 50% do PIB, mas também consolidando o ajuste fiscal com reformas mais profundas, como a aprovação de uma Lei de Responsabilidade Fiscal.

Naquele ano já eram conhecidos os sucessos do regime de metas de inflação, o que tornava possível aprender com a experiência dos países que foram os pioneiros na sua adoção. Logo após a adesão da Nova Zelândia e do Canadá, em 1991, aderiram ao regime de metas de inflação o Reino Unido, em 1992, e a Suécia e a Finlândia, em 1993. Análises profundas de suas experiências já haviam sido publicadas em detalhe.[12] Outros países que estavam em processo de transição com vistas à sua integração na economia europeia também haviam seguido o mesmo caminho, como a República Tcheca, a Hungria e a Polônia, e como nos casos anteriores havia análises altamente informativas.[13] O estudo desses casos permitiu uma ampla troca de informações entre diretores e equipe técnica do Banco Central, de um lado, e economistas de bancos centrais ao redor do mundo, de outro, o que facilitou a tarefa da transição. Contudo, dada a interdependência do ajuste fiscal e da política monetária, a construção do novo regime não poderia ser um trabalho incompleto, tendo que atingir um nível crítico de eficácia em ambos os instrumentos objeto do acordo. Foi o cumprimento dos objetivos do lado fiscal e na formulação e na implementação da política monetária que nos aparelhou para superar a turbulência que ocorreria em 2002, na crise de confiança ocorrida na passagem do governo FHC para o governo Lula, como será analisado mais adiante.

Ao assumir o compromisso com o regime de metas de inflação, o governo se comprometia a criar um verdadeiro Banco Central, com características completamente diferentes das que existiam no período que se estende entre o lançamento do Paeg e a reforma monetária do Plano Real. No regime de metas de inflação, a âncora nominal são as expectativas de inflação, cuja convergência para a meta se dá em resposta ao instrumento da política monetária, que é a taxa de juros. Embora desde a criação da Secretaria do Tesouro, em 1986, o Banco Central não administrasse mais a dívida pública e, desde os primeiros experimentos com as LBC, tivesse dominado a técnica de como operar a política monetária usando como instrumento a taxa de juros, o "novo" Banco Central teria que consolidar a sua autonomia ao exercer a sua "independência no uso do instrumento", que é a condição decisiva para que possa cumprir o seu mandato no regime de metas de inflação. Desde os trabalhos de Phelps (1968) e Friedman (1968), sabemos que não existe uma curva de Philips estável que permita atingir "um pouco mais de crescimento com um pouco mais de inflação". No longo prazo, a curva de Philips é vertical, e no curto prazo ela se desloca com as variações nas expectativas de inflação. Explorando as propriedades da curva de Philips, e admitindo que as expectativas são racionais, Rogoff (1985) demonstrou que para obter inflações mais baixas de forma persistente o governo deveria escolher um banqueiro central mais conservador do que a sociedade, isto é, com uma intolerância à inflação superior à da sociedade. No entanto, o banqueiro central terá que utilizar modelos através dos quais estabeleça a ligação entre o objetivo e o instrumento, mas tais modelos têm características muito diferentes das dos utilizados na física clássica e nas aplicações da teoria do controle nos campos da engenharia e do lançamento de foguetes. Em ambos os casos, há variáveis de controle usadas para determinar a trajetória do objetivo, mas, ao contrário do que ocorre na física, o planejamento econômico não é um jogo contra a natureza, que não reage, mas contra agentes econômicos racionais, que reagem às variáveis de controle (instrumentos), e cujas decisões dependem dos valores futuros esperados das variáveis (os objetivos). Essas expectativas não são invariantes em relação ao plano escolhido, o que torna inviável o uso de modelos com a precisão dos da física e de suas aplicações à teoria do controle, nas quais a natureza não reage.[14] Essa característica elimina a utilização de uma regra rígida que "amarre as mãos" da autoridade monetária, como seria alguma variante da regra prescrita por Friedman (1992), segundo a qual a melhor conduta seria manter um crescimento dos agregados monetários a uma taxa fixa. Na verdade, a grande vantagem do regime de metas de inflação é a de permitir um grau contido de discricionariedade, ou aquilo que Bernanke, Laubach, Mishkin e Posen (1999) chamaram de *constrained discretion*. Sob pena de reduzir a sua capacidade de trazer a inflação de volta à meta, o banqueiro central não pode perder a credibilidade, o que significa que não pode negligenciar atingir o objetivo, mas quando formula a sua estratégia terá que considerar o custo em termos de redução do PIB e de aumento do desemprego, que se eleva com o aumento da velocidade de queda da inflação. Ao seguir uma regra rígida, como a proposta por Friedman, o banqueiro central corre o risco de aumentar o custo medido pela queda da produção e pelo aumento do desemprego, o que pode ser evitado com o exercício de algum grau de discricionariedade.[15] Idealmente, a independência no uso do instrumento deveria ser suportada por sua independência política, com o presidente do Banco Central tendo um mandato fixo e não coincidente com o do presidente da República, e esse obstáculo foi informalmente superado com a decisão de FHC de dar à instituição total independência de facto.

Além das condições que acabaram de ser expostas, havia vários problemas práticos pela frente. Primeiro, era preciso definir com base em qual índice de preços a meta de inflação seria aferida, e a escolha recaiu sobre o Índice Nacional de Preços ao Consumidor Amplo (IPCA), calculado pelo Instituto Brasileiro de Geografia e Estatística (IBGE), um órgão técnico sem ligação com o Banco Central, o que eliminava o risco do conflito de interesses. Segundo, era preciso definir os tratamentos que deveriam ser dados ao índice de inflação de forma a medir o seu "núcleo", livre de ruídos que mascarassem a sua tendência. Como a distribuição de frequência das taxas de variação dos preços tem "caudas gordas" (tecnicamente ela é uma distribuição leptocúrtica), para aferir de modo mais adequado a tendência da inflação é melhor trabalhar com a mediana das taxas, em vez da média, ou submetê-las ao corte simétrico das duas caudas da sua distribuição, na forma proposta por Bryan e Cecchetti (2001). Por fim, um ponto crucial na implementação do regime era obter informações sobre as expectativas de inflação, que não poderiam ficar restritas apenas às inflações implícitas nas curvas de juros, e desde logo foi implantada a pesquisa Focus, destinada à coleta e ao processamento de informações junto aos participantes do mercado, usando critérios rígidos de checagem de sua consistência.

O problema fiscal

A segunda preocupação do FMI — e das autoridades brasileiras — era com o problema fiscal. Naqueles anos havia uma grande preocupação com o fenômeno da "intolerância à dívida" nos países emergentes, definida como "a incapacidade de conviver com níveis de dívida que são administráveis em países industrializados avançados".[16] Com base em um número muito grande de dados históricos, Reinhart, Rogoff e Savastano (2003) propuseram que um limite seguro da dívida para países que sofrem com o fenômeno da intolerância seria muito baixo, em alguns casos em torno de 15% do PIB. Stanley Fischer (2002) tinha uma visão semelhante, argumentando que, "ainda que a teoria econômica não dê muita orientação sobre o tamanho ótimo da relação dívida/PIB, esta deveria ser menor em um país localizado no grupo dos países emergentes do que em um país industrializado", e conclui, afirmando: "Uma relação de 60% do PIB para um país emergente seria grande demais, com taxas próximas de 30% e 40% sendo muito mais seguras". A crise de 2008 mostraria que era exagerado o otimismo na distinção entre os tamanhos das dívidas dos países emergentes e mais avançados. Espanha e Irlanda, por exemplo, tinham dívidas bem menores do que os demais países da Europa, e ambas as dívidas tinham uma tendência de declínio nos anos anteriores à crise. Mas tanto Espanha quanto Irlanda sofreram crises bancárias quando a bolha imobiliária estourou em seus territórios, obrigando-as a gastar recursos públicos para realizar o *bailing out* dos bancos que se tornaram insolventes, trazendo suas dívidas para níveis bem mais elevados. No capítulo 4, veremos que em 2010-1 a Europa viveu uma crise de dívida soberana, com os prêmios de risco de Grécia, Espanha, Portugal, Itália e Irlanda escalando para níveis muito elevados, se espalhando para o sistema bancário.

Dívidas grandes demais em países com mau desempenho histórico na política fiscal geram prêmios de risco que elevam toda a estrutura a termo de taxas de juros, e uma das causas dos juros altos no Brasil era a percepção de que o tamanho da dívida não seria sustentável. Nossa história de dominância fiscal era longa, e o problema teria que ser corrigido. No passado, a dominância fiscal não se revelava no crescimento da dívida, porque os déficits eram financiados por senhoriagem. No entanto, a partir do momento em que o Banco Central adquiriu a independência no uso do instrumento, negando-se a monetizar os déficits públicos, o temor de que uma dívida grande demais não fosse honrada provocava ao mesmo tempo a elevação dos prêmios de risco e a fuga de capitais, o que depreciava o real, e naqueles anos havia um importante componente dolarizado da dívida, o que elevava a dívida e piorava a percepção de risco. Anos de descontrole fiscal levaram a altas taxas reais de juros de equilíbrio — as taxas neutras —, junto de um crescimento do PIB mais baixo. Isso impunha que os superávits que reduzissem a relação dívida/PIB fossem altos.

Para dimensionar a magnitude dos superávits primários necessários para pelo menos estabilizar a relação dívida/PIB, precisávamos partir da equação explicativa da dinâmica da dívida. Denominando B_t o estoque da dívida em termos reais no tempo t, r a taxa real de juros e s_t o resultado primário em termos reais (um valor negativo indica um déficit primário), a relação dívida/PIB em t é dada por $B_t = (1+r)B_{t-1} - s_t$. Dividindo membro a membro pelo PIB real, y_t, e denominando g a taxa de crescimento econômico, obtemos

$$(2.1) \quad b_t = \frac{1+r}{1+g} b_{t-1} - s_t$$

que é a equação de dinâmica da dívida, e subtraindo b_{t-1} dos dois lados da equação, obtemos

$$(2.2) \quad b_t - b_{t-1} = \frac{r-g}{1+g} b_{t-1} - s_t$$

A trajetória da dívida depende do resultado primário e de $(r - g)$. Se $(r < g)$, e o resultado primário for nulo $(s = 0)$, a relação dívida/PIB declina, mas se $(r > g)$ para estabilizar a relação dívida/PIB $(b_t - b_{t-1} = 0)$ é necessário um superávit primário dado por $[(r-g)/(1+g)]b = s$. A falha em obter esse resultado leva a uma dívida com crescimento contínuo.

Dívidas públicas com crescimento não sustentável acarretam prêmios de risco que podem gerar uma crise com um componente de profecia autorrealizável. Para entender a natureza do problema, antecipemos uma discussão dos capítulos 3 e 4 sobre a crise de confiança na transição do governo FHC para o governo Lula e a propagação da crise do subprime na Europa. Suponha que a dívida tenha um crescimento cuja intensidade cria a expectativa de que ocorrerá um "confisco" de parte de seu valor. Se a sociedade julga que isso ocorrerá com uma probabilidade $0 < p < 1$, e se os investidores forem neutros em relação ao risco, o governo terá que pagar sobre a dívida um prêmio, que é tanto mais elevado quanto maior for a expectativa de "confisco", e tanto mais alto quanto maior for a probabilidade de ocorrência. Se o governo não controla o superávit primário, a dívida cresce, e com isso aumenta a distância entre r e g, o que gera um processo de realimentação que pode levar a uma crise com o já mencionado componente de profecia que se autorrealiza. Em uma situação como essa, é preciso um esforço fiscal bem maior do que na ausência desse problema. Nas negociações com o FMI, quando o Brasil migrou para o regime de metas de inflação com livre flutuação cambial, foi preciso incluir mais uma peça no quebra-cabeça: as metas de superávits primários dimensionados de forma a pelo menos estabilizar a relação dívida/PIB. Isso deu origem ao regime do tripé da política macroeconômica, baseado em câmbio flutuante, metas de inflação e metas de superávit primário. Com isso chegávamos ao final de uma longa trajetória, repleta de obstáculos, mas que lançou as bases nas quais a política macroeconômica brasileira vem, com acertos e erros, se desenvolvendo desde 1999.

Aprendemos que era necessária uma âncora, e que melhor do que a âncora cambial era a âncora monetária baseada no regime de metas de inflação. Segundo, teríamos que ter um grau elevado de responsabilidade fiscal, com um controle de gastos que gerasse superávits primários que reduzissem ou, pelo menos, estabilizassem a relação dívida/PIB, o que incluía leis que estabelecessem punições para os administradores que não cumprissem as metas. Por fim, teríamos que ganhar o conhecimento necessário em um campo que até aqui não havia surgido nas discussões: o entendimento de como e em que intensidade poderíamos intervir nos mercados à vista e futuro de câmbio, que no regime de metas de inflação teriam que ser sempre intervenções esterilizadas, porém permitindo que suas flutuações cumprissem o papel de equilibrar o balanço de pagamentos.

3
A consolidação do regime do "tripé da política macroeconômica"

Os desafios

O primeiro desafio enfrentado pelo Banco Central logo nos primeiros dias que se seguiram ao abandono do regime de câmbio fixo em favor do tripé da política macroeconômica — as metas de inflação, o câmbio flutuante e as metas para os superávits primários — foi como reagir à depreciação cambial de 64%, ocorrida entre 11 e 30 de janeiro de 1999, quando o real passou de 1,21 real para um dólar para 1,98 real para um dólar. Quando ainda trabalhava no FMI, Ilan Goldfajn, primeiro diretor de política econômica do Banco Central no regime de metas de inflação, havia realizado estimativas do repasse — o *pass-through* — da depreciação cambial para os preços aos consumidores em países com inflações altas e baixas e sabia que ele era alto.[1] Ao final de um trabalho no qual estimou esse coeficiente para uma amostra de 71 países, cobrindo o período de 1980 a 1998,[2] ele recomendava que, para evitar uma desancoragem das expectativas, a taxa de juros deveria ser alta. Foi com o objetivo de deixar claro que não transigiria, ainda que à custa de uma recessão, no objetivo de construir a credibilidade no novo regime monetário, que o Banco Central reagiu àquela depreciação elevando a taxa Selic a 40% ao ano (gráfico 1).[3] Mas essa não foi a única depreciação cambial forte nos anos iniciais do novo regime. A segunda ocorreria em 2002, na época da transição do governo FHC para o governo Lula, mas esse novo evento tinha uma causa muito diferente: a percepção, por parte dos investidores, de que com a mudança de governo o Brasil estaria exposto ao risco de insolvência do setor público. No acordo negociado em 1998 com o FMI, quando o Brasil estava prestes a migrar do regime de câmbio fixo para o do tripé da política macroeconômica, o governo assumiu um compromisso com as metas de superávits primários dimensionadas para trazer a relação dívida/PIB para menos de 55% do PIB, e esse compromisso vinha sendo cumprido. Contudo, em 2003 teríamos um novo governo e uma nova equipe econômica, o que colocava em dúvida se o compromisso com as metas de superávits primários seria mantido.

A melhor forma de entender que a depreciação cambial era provocada pelo risco de insolvência do governo é olhando para os movimentos, em direção e intensidade semelhantes, entre a taxa cambial e uma medida de prêmio de risco associado à dívida pública, dada pelo Embi, que mede o spread de uma carteira de títulos de dívida soberana com valores emitidos e negociados em dólares no mercado secundário, no exterior, em relação a títulos de *duration* equivalente ao do Tesouro dos Estados Unidos.[4] Não há entre esses dois movimentos nenhuma evidência de precedência temporal que permita determinar uma direção de causalidade. Ambos são influenciados pelo risco de solvência do setor público, com o aumento do risco levando à venda dos títulos, o que deprime seus preços e eleva o Embi, ao mesmo tempo que os investidores não residentes vendem os títulos em reais negociados no Brasil e compram dólares para remetê-los para o exterior, o que deprecia a taxa cambial. Uma medida alternativa do crescimento do prêmio de risco é dada pelo aumento da inclinação positiva da curva de juros. Na área sombreada mais à direita, no gráfico 1, verifica-se que a depreciação cambial de 2002 foi acompanhada por um aumento maior nas taxas de juros das operações de cinco anos (DI de 1800 dias) do que em operações de um ano (DI de 360 dias).[5]

Um movimento semelhante do câmbio e da curva de juros já havia ocorrido em 2001, quando o Brasil foi atingido pelo contágio vindo da crise cambial ocorrida na Argentina, levando a um aumento simultâneo do Embi e da inclinação positiva da curva de juros, ao lado de uma depreciação cambial. O con-

Gráfico 1. Câmbio, Selic e DI de 360 dias — dados diários

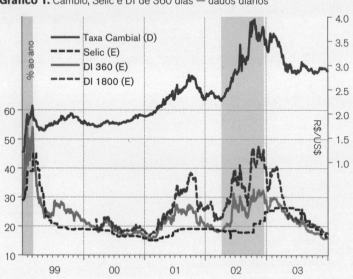

tágio da crise ocorrida na Argentina era uma clara sinalização do que ocorreria quando os investidores considerassem que o novo governo poderia alterar o compromisso em relação à responsabilidade fiscal.

Portanto, nesse segundo episódio, não apenas o Banco Central teria que decidir qual seria a elevação da taxa de juros, como também, dado que as nossas reservas internacionais estavam em níveis criticamente baixos, entre 30 bilhões e 40 bilhões de dólares, de que forma interviria no mercado de câmbio visando suavizar as variações do real. Em teoria, ao determinar a intensidade na qual a política monetária é colocada no terreno restritivo, os bancos centrais medem o custo de desinflar a partir de uma *função de perdas*, na qual a sua penalização é tanto maior quanto maior for o desvio da inflação em relação à meta, o que afeta a credibilidade quanto ao cumprimento do seu mandato, e quanto mais distante o PIB atual (a demanda agregada) estiver em relação ao PIB potencial (a oferta agregada com pleno emprego dos fatores).[6] Se, quando for submetido a um choque que eleve de forma exagerada a inflação, o Banco Central optar por reduzir a primeira perda — o desvio da inflação em relação à meta — e, através de um aumento maior da taxa de juros, provocar uma convergência mais rápida da inflação para a meta, elevará a segunda perda devido à maior queda do PIB atual em relação ao potencial, e na sua decisão terá que considerar, também, o problema vindo da queda na credibilidade de seu compromisso com a meta de inflação, que cai com uma convergência mais lenta para a meta e é fundamental para manter a ancoragem das expectativas.

Se, na busca por maior credibilidade, o Banco Central optasse por levar as expectativas à meta mais rápido, dentro do ano-calendário, por exemplo, seria penalizado por uma recessão mais intensa; porém, se o problema fiscal que causou a depreciação fosse resolvido e o real voltasse a se apreciar, contribuindo para amainar as pressões inflacionárias, a sua tarefa seria facilitada, o que indicava que, naquelas circunstâncias, o caminho a ser seguido requeria uma ação conjunta nos campos das políticas fiscal e monetária. No entanto, quaisquer diretrizes de política fiscal anunciadas pelo governo que estava em final de mandato seriam ineficazes caso o novo governo renegasse o compromisso com a responsabilidade fiscal. Por isso era necessário convencer as equipes dos candidatos à presidência de que a preservação da responsabilidade fiscal era uma peça-chave para a consolidação do novo regime de política econômica, beneficiando o país como um todo, e essas negociações teriam que ter amarras, como as que são proporcionadas por um acordo com o FMI que, contudo, seria executado pelo novo governo.

Teríamos, assim, que enfrentar problemas tanto no campo da política econômica quanto no da economia política. No campo da política econômica, havia três problemas interligados. O primeiro era detalhar com que intensidade o Banco Central, dispondo de um nível criticamente baixo de reservas, deveria intervir no mercado de câmbio para suavizar a depreciação. O segundo consistia em determinar em que grau a política monetária seria colocada no território restritivo, e ao delinear sua conduta o Banco Central teria que considerar que a origem do surto inflacionário estava na depreciação do real decorrente das dúvidas sobre o compromisso do novo governo com a responsabilidade fiscal. O terceiro, relacionado à política fiscal, era definir o tamanho das metas de superávits primários e a forma de obtê-los. Já no campo da economia política, os esforços precisariam estar concentrados nos contatos com as equipes econômicas dos candidatos à sucessão de FHC, informando-os tanto sobre a natureza do problema e das soluções que estavam sendo encaminhadas, quanto sobre a negociação com o FMI. O sucesso na resolução dessas questões de política econômica e economia política consolidou, enfim, o regime do tripé da política macroeconômica.

Um passo adicional nesse processo foi dado quando, após o restabelecimento da credibilidade, o Banco Central, já no governo Lula, usou a oportunidade gerada por um surto temporário de elevada liquidez internacional, que acentuou os ingressos de capitais, para acumular um nível confortável de reservas internacionais. Foi em grande parte graças ao nível de reservas que o Brasil superou, com um custo muito baixo, os efeitos da crise financeira global que se seguiu ao estouro da bolha imobiliária nos Estados Unidos, em 2008, e passou a atentar quase que exclusivamente ao manejo das políticas fiscal e monetária para manter a inflação próxima da meta, com taxas reais de juros baixas, sem se preocupar com o balanço de pagamentos.

Usando as intervenções no mercado futuro de câmbio

No primeiro dia útil de maio de 2002, o real estava cotado a R$ 2,38/US$ e em 22 de outubro a R$ 3,92/US$, com uma depreciação de 65%, o que exigia que a elevação da taxa de juros ocorresse ao lado de intervenções no mercado de câmbio. Porém, naquele momento, as nossas reservas estavam um pouco acima de 30 bilhões de dólares, o que constrangia o Banco Central a realizar apenas intervenções no mercado futuro de câmbio que teriam, obrigatoriamente, que ser esterilizadas.[7] Para atuar no mercado futuro de câmbio, o Banco Central opera através do mercado de swaps. Há dois contratos largamente negociados na B3, mas só um deles envolve a taxa cambial.

O primeiro é o contrato denominado swaps de DI, no qual as taxas de juros interbancárias diárias, que seguem a taxa de overnight, são trocadas por taxas nominais fixas em prazos de trinta, sessenta, até 360 dias. O segundo é o contrato de swap de taxas de juros nominais fixas por outros com taxas da depreciação cambial, que também admite contratos de trinta, sessenta, até 360 dias. Esse segundo contrato é o que denominamos swaps cambiais. A relação entre esses dois contratos para determinada duração dá a cotação da taxa futura de câmbio para aquele prazo. Ou seja, ao operar de forma simultânea no mercado de swaps cambiais e de swaps de DI, o Banco Central atua sobre a taxa cambial no mercado futuro de câmbio. Para explicar como isso ocorre, podemos recorrer à equação de paridade coberta da taxa de juros — que é sempre válida e é dada por

$$(3.1) f - s = i - i^*$$

na qual f é a taxa de câmbio no mercado futuro de câmbio, s é a taxa no mercado spot (à vista), i é a taxa de juros doméstica e i^* é a taxa de juros no exterior. Quando o Banco Central vende câmbio no mercado futuro, reduz f em relação a s, sendo a diferença $f - s$ definida como o prêmio futuro. Como pela equação de paridade coberta da taxa de juros $f - s + i^*$ é sempre igual a i, quando ocorrem vendas no mercado futuro cai o prêmio futuro, e com isso se eleva o cupom cambial, isto é, eleva-se a taxa de juros da operação, o que estimula os arbitradores a tomar empréstimos no exterior pagando a taxa Libor, que à época era utilizada para aferir o custo de captação,[8] internar os recursos no Brasil e, ao aplicá-los, obter o retorno do cupom cambial, ganhando liquidamente a diferença entre o cupom cambial e a taxa Libor, sem incorrer no risco de câmbio.

A CONSOLIDAÇÃO DO REGIME DO "TRIPÉ DA POLÍTICA MACROECONÔMICA"

Ao atrair o ingresso de dólares no mercado à vista, o câmbio se valoriza, o que volta a elevar o prêmio futuro e mais uma vez reduz o cupom cambial, desestimulando os ingressos. Mas, nesse ponto, o Banco Central pode realizar novas vendas no mercado futuro, voltando a reduzir o prêmio futuro e a elevar o cupom cambial, atraindo novos ingressos, e assim por diante. Com essa explanação, fica claro que, avaliando por seus efeitos sobre a taxa cambial, há uma perfeita equivalência entre as intervenções nos mercados à vista e futuro, e como todas são esterilizadas — ainda que, como os contratos de swaps têm ajustes periódicos, haja uma distribuição dos custos diferente no tempo — há, também, uma equivalência no que diz respeito aos custos da intervenção. Ou seja, mesmo não dispondo de reservas, através das intervenções no mercado futuro é gerado o aumento da oferta de dólares no mercado à vista, que é devida ao ingresso de dólares necessários para realizar essa operação, produzindo uma força na direção de valorizar o real. No gráfico 2 estão as posições de swaps cambiais. A maior concentração desse tipo de intervenção ocorreu entre 2014 e 2016, mas esse episódio será analisado no capítulo 5. A outra concentração ocorreu em 2002, quando o Banco Central chegou a vender o equivalente a 40 bilhões de dólares em swaps cambiais, o que do ponto de vista de seus efeitos sobre a taxa cambial é equivalente a uma venda de 40 bilhões de dólares no mercado à vista. A magnitude dessa venda reduziu o prêmio futuro e elevou o cupom cambial, que no auge dessa intervenção chegou perto de 40% ao ano (gráfico 3), muito acima da taxa Libor, que à época se situava um pouco abaixo de 2% ao ano.

É possível argumentar que, dado que ainda assim o real se depreciou, do ponto de vista de seus efeitos sobre a taxa cambial tais intervenções teriam sido ineficazes, mas a postura correta não é criticar a operação por seu suposto insucesso

Gráfico 2. Estoque de swaps cambiais em dólares

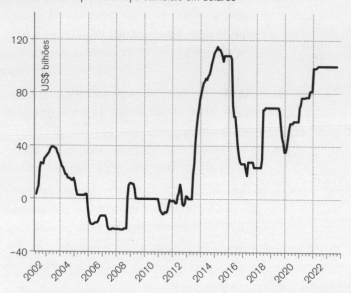

Gráfico 3. Cupom cambial de 360 dias

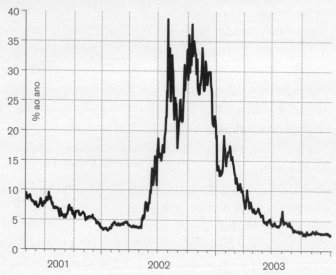

em evitar a depreciação, mas olhar para o contrafactual, isto é, de quanto teria sido a depreciação caso a intervenção não tivesse sido realizada. É praticamente impossível que, com 40 bilhões de dólares em swaps cambiais e um cupom cambial que chegou a 40% ao ano, o ingresso de dólares produzido pelos arbitradores não tivesse afetado a taxa cambial. Embora esse episódio combata o ceticismo quanto à eficácia das intervenções no mercado de câmbio, seria errado supor que o Banco Central poderia explorar o canal do câmbio para reduzir a inflação, intervindo para valorizá-lo e se abstendo de elevar a taxa de juros. A vantagem comparativa das intervenções cambiais está em suavizar os movimentos cambiais, contendo *overshootings* e *undershootings*, e a vantagem comparativa da taxa de juros está no controle da inflação. Esse é mais um exemplo do princípio da *effective market classification* enunciado por Mundell, e ao qual fizemos referência no capítulo 1.

Antes de prosseguir, temos que nos certificar de que as intervenções no mercado futuro têm eficácia sobre a taxa cambial mesmo que os investidores optem por operar através de derivativos nos Estados Unidos, em vez de operar no mercado de swaps no Brasil. Nesse ponto, relembro o exemplo dado no capítulo 1, no qual a imposição de um IOF sobre os empréstimos em *eurobonds* com emissão de seis anos quando um *eurobond* de dois anos estava isento de impostos era contornada pelos investidores emitindo um *eurobond* com prazo de seis anos de forma simultânea a uma *put* de dois anos, o que com o exercício da *put* permitiria quitar a transação e remeter os dólares ao exterior decorridos apenas dois anos, o que de facto transformava a operação na emissão de um *eurobond* de dois anos sem a incidência do IOF. Será que um investidor não residente que quisesse se proteger do risco de câmbio poderia, em vez de fazê-lo com base em um swap cambial registrado na B3, utilizar um derivativo largamente negociado no mercado de balcão no exterior, que são os *Non-Deliverable Forward* de reais por dólares (NDF-BRL) e, com isso, reduzir ou mesmo eliminar a eficácia das intervenções no mercado futuro de câmbio? Para demonstrar que esse risco não existe, suponhamos que a taxa de juros no Brasil estimule o ingresso de capitais, mas, em vez de trazer os recursos para o país e realizar um hedge através de um swap cambial, o não residente procure um banco nos Estados Unidos ou na Europa para investir seus dólares. O banco oferece uma aplicação em reais, por um ano, com a mesma taxa do Brasil, e então fica com os dólares do investidor e com um passivo em reais por um ano, assumindo uma posição vendida em dólares. A operação não pode parar nesse ponto, porque o banco está descasado em moedas, o que o conduz a comprar um contrato de reais futuros (NDF-BRL) também no exterior, cobrindo o risco do banco, mas não o do arbitrador que vendeu os reais futuros no exterior. Para cobrir-se desse risco, o arbitrador vem à B3 e vende dólar futuro, o que cobre o seu risco de câmbio, mas deprime o preço. Isso produz a queda do dólar futuro de modo relativo à taxa cambial no mercado à vista, elevando o cupom cambial, o que induz outro arbitrador a ingressar os dólares no país e vendê-los no mercado à vista, comprando dólares (mais baratos) no mercado futuro e investindo os reais obtidos na compra de juros futuros na B3, com a mesma data de vencimento de seu contrato de câmbio futuro. Quando o volume dessas operações cresce, o mercado de balcão[9] no exterior se aparelha para enfrentar essa situação e abre "livros offshore" em reais, nos quais são registrados depósitos em dólares a serem devolvidos em dólares com a remuneração do real. Esses "livros" são formados por todos os tipos de operações ativas e passivas que envolvem reais, como as de importadores, exportadores, empresas em busca de hedge, investidores etc. As operações são referenciadas às cotações da B3, mas ocorrem no exterior. Todo dia é feito o clearing, e se houver discrepância entre oferta e demanda a instituição detentora do "livro" vem à B3 para cobrir sua posição líquida.

A conclusão é que, não importa qual seja o tamanho das operações realizadas no exterior, seu efeito sobre a taxa cambial no Brasil é o mesmo que ocorreria caso todas fossem realizadas no país. Nesse caso em particular, o mercado de derivativos não abre nenhuma válvula que impeça o uso das intervenções para os fins desejados pela autoridade monetária.

A causa fiscal da depreciação e do aumento da inflação

As intervenções no mercado futuro de câmbio permitiram tirar um pedaço da volatilidade cambial, amainando um pouco a sua depreciação, mas isso era apenas um paliativo. Como agir diante do aumento da inflação? Comecemos por revelar os contornos da fotografia instantânea da inflação quando a economia brasileira foi afetada pela crise de confiança na transição do governo FHC para o governo Lula. Em maio de 2002, o real era cotado a 2,50 por dólar, e o Embi estava em 1120 pontos. Apesar da venda de 40 bilhões de dólares em swaps cambiais, em outubro daquele ano o real atingiu 3,96 por dólar, com o Embi escalando em setembro para 2400 pontos. Em maio de 2002, a inflação de doze meses medida pelo IPCA estava em 7,8% ao ano, e em fevereiro de 2003 estava em torno de 16% (gráfico 4). A estimativa do *pass-through* da depreciação para o IPCA mostrada mais à frente deixa claro que a quase totalidade do salto ocorrido na inflação foi provocada

Gráfico 4. Taxas de inflação, meta e intervalo

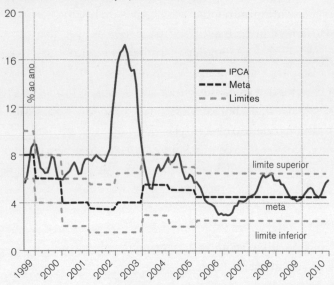

pela depreciação do real. Os dados do gráfico 1 haviam mostrado que, além da depreciação cambial e da elevação do Embi, houve um forte aumento da inclinação positiva da curva de juros, o que é uma evidência do crescimento das expectativas de inflação e dos prêmios de risco associados à dívida pública. O Banco Central teria que agir, elevando a taxa de juros, mas precisava contar com a colaboração da política fiscal, o que escapava ao seu controle.

Uma crise como aquela pode se instalar devido à piora dos fundamentos fiscais ou por conta de um "movimento de manada", que definimos como uma "parada brusca", ou um *sunspot*, como esse movimento é definido na literatura econômica em língua inglesa. Desde a adesão brasileira ao regime de metas de inflação, o governo vinha cumprindo de forma rigorosa as metas de superávits primários, com várias reformas que haviam eliminado importantes fontes de custo fiscal. Olhado por esse ângulo, o enorme aumento do risco não poderia estar associado aos fundamentos, mas ao temor de que o novo governo não seguiria a mesma orientação.

A corrente da economia comportamental nos proporciona exemplos nos quais os indivíduos seguem impulsos e geram reações que levam a bolhas nos preços dos ativos, que são comportamentos que não obedecem a fundamentos, mas não quero ficar com esse tipo de explicação. Há na literatura uma série de trabalhos com modelos explicativos de crises de dívida cuja solução admite um duplo equilíbrio,[10] vários dos quais foram motivados pela crise da dívida na Europa após o estouro da bolha imobiliária, em 2008,[11] mas uma forma mais simples de mostrar como isso acontece é usando um modelo que permite aferir qual é a probabilidade de ocorrência de um corte no valor de mercado do estoque da dívida. O modelo que vou expor é válido para apenas dois períodos, mas capta a essência do problema enfrentado.[12] Os investidores recebem a informação de que se a dívida ultrapassar um nível crítico, dado por b^*, há o risco de que o governo proceda a uma redução compulsória no valor de mercado da dívida, que na falta de um nome melhor poderia ser definido como um "confisco", que poderá atingir uma porcentagem $x > 0$ da dívida,[13] e sua reação depende da avaliação feita em relação à probabilidade $0 \leq p \leq 1$ de ocorrer o evento citado. A presença do risco faz com que a taxa de juros à qual está disposto a comprar títulos da dívida seja R, que é maior do que a taxa de juros livre de risco, dada por r, sendo a relação entre essas taxas dada por $(1 + R) = (1 + r)/(1 - px)$. Por exemplo, se há uma probabilidade de 80% de ocorrência de um confisco de 20% da dívida, usando a relação acima se conclui que, se a taxa de juros livre de riscos for de 5% ao ano, a que inclui o risco será de 25% ao ano,[14] com a diferença entre as duas sendo o prêmio de risco. Para estimar qual é a probabilidade de ocorrência do confisco, o investidor parte da equação de dinâmica da dívida (a equação 2.1, no capítulo 2), na qual, para simplificar as contas, dado que na sua avaliação olhará para um horizonte muito curto, como dois períodos contíguos, pode-se ignorar o crescimento econômico (ou seja, em 2.1 ele faz $g = 0$) e admitir que o superávit primário é uma constante dada por s, que substitui a taxa de juros livre de risco pela medida que inclui o risco, chegando a

$$(3.2) \quad b_{t+1} = \frac{1+r}{1-px}b - s$$

A utilidade da equação (3.2) não é projetar a trajetória da dívida ao longo do tempo, como é feito nos exercícios de dinâmica da dívida, mas avaliar se a dívida em $t+1$ será ou não maior do que um nível crítico, b^*, que se for superado disparará o confisco, havendo duas situações possíveis. Se o valor estimado da dívida em $t+1$ superar o nível crítico, isto é, se $b_{t+1} > b^*$, o confisco ocorrerá, ou seja, $p = 1$; mas se $b_{t+1} \leq b^*$, a probabilidade de um confisco é nula ($p = 0$), o que significa que o resultado ocorrerá com a probabilidade nula ou com ela igual a 1. Há, assim, um duplo equilíbrio, cuja probabilidade de ocorrência depende do estoque da dívida hoje, dado por b, e do estoque crítico a partir do qual ocorre o confisco, b^*. O caminho para chegar à solução está exposto no apêndice deste capítulo, cujas conclusões são: quando saímos de uma dívida inicial $b \leq (b^* + s)(1 + x)/(1 + r)$, a dívida em $t+1$ será sempre inferior ao nível crítico, o que significa que a probabilidade de um confisco é nula, ou seja, $p = 0$. Contudo, se sairmos de uma dívida inicial tal que $b > (b^* + s)/(1 + r)$, a dívida em $t+1$ estará sempre acima do nível crítico da dívida b^*, o que leva ao confisco com uma probabilidade $p = 1$.

O que faria a dívida pública ultrapassar o nível crítico b^*, conduzindo ao "mau equilíbrio"? Em um trabalho anterior,[15] foram mostradas evidências de que naqueles anos a dinâmica da dívida era fortemente influenciada pelo câmbio real e as consequências desse comportamento foram expostas. Com 30% da dívida pública emitida em títulos atrelados à taxa cambial, o salto da dívida bruta de 54% do PIB, no primeiro trimestre de 2002, para 66% do PIB, no terceiro trimestre daquele ano (gráfico 5), foi provocado pela depreciação do câmbio real em magnitude próxima da ocorrida no câmbio nominal.[16] Com a dinâmica da dívida sendo influenciada pelos movimentos da taxa cambial, e com esta respondendo fortemente aos riscos, não era preciso que o governo tomasse medidas que levassem à queda dos superávits primários e ao aumento da relação dívida/PIB. Era necessário, apenas, que em seus pronunciamentos o governo induzisse a sociedade a perceber que tal risco havia crescido para que ocorressem, ao mesmo tempo, a venda de títulos públicos brasileiros denominados em dólares, no exterior, levando ao aumento do Embi,[17] e a venda de títulos em reais nas carteiras dos brasileiros e de estrangeiros não residentes, com os recursos assim obtidos sendo convertidos em dólares para seu envio ao exterior, o que depreciava o real. A "profecia" de que poderia ocorrer uma crise da dívida se autorrealizava, caracterizando o *sunspot*, ou uma "parada busca".

Qualquer investidor bem informado que olhasse para a condução da política fiscal durante o governo FHC e admitisse que essa conduta seria mantida no novo governo atribuiria uma probabilidade nula a um confisco ou a um crescimento explosivo da dívida. Existia um compromisso do governo em manter a dívida abaixo de 55%, que vinha sendo atendido, mas também havia um novo governo eleito por um partido que não dava o menor suporte a esse objetivo e que abertamente discutia

Gráfico 5. Dívida bruta e câmbio real

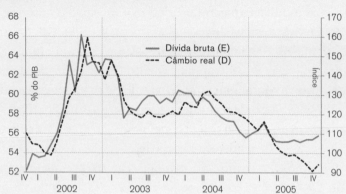

formas de "se livrar" da carga imposta pela dívida pública, que depois de ser submetida a uma "auditoria" seria reduzida de forma drástica. A crise a que estávamos assistindo não tinha relação com o compromisso do governo FHC nem com a história de medidas que foram afastando de modo gradual o risco de insolvência do governo, mas com a continuidade ou não de tal compromisso em um governo futuro, caracterizando uma parada brusca, que poderia ou não se confirmar.

Voltaremos a esse assunto mais adiante. Antes temos de analisar qual deveria ser o comportamento do Banco Central.

A reação do Banco Central

Não havia nada que o Banco Central pudesse fazer para convencer a sociedade de que o novo governo manteria o compromisso com a responsabilidade fiscal, mas ainda assim teria que cumprir o seu mandato e controlar a inflação. Em um regime de "discricionariedade contida",[18] como é o regime de metas de inflação, o ganho de credibilidade vindo da convergência mais rápida da inflação para a meta tem que ser comparado ao custo medido em termos de queda do PIB e de elevação da taxa de desemprego. Se tal custo for elevado, a melhor conduta por parte do Banco Central é alongar o período de convergência da inflação para a meta com uma elevação mais branda da taxa Selic. Esse foi o caminho escolhido pelo Banco Central, que para ter sucesso precisava estabelecer uma comunicação clara com o mercado e explicar as razões para essa escolha.

O argumento utilizado está exposto em um *working paper* do National Bureau of Economic Research (NBER)[19] e admite que uma parte do aumento da inflação seria consequência de um "choque de oferta", ao qual os bancos centrais respondem acomodando o seu efeito primário e aumentando os juros apenas para dissipar seus efeitos secundários sobre as expectativas. Ao depreciar o real, aquele choque provocou um efeito assimétrico sobre os custos de produção e os preços do produto. Ou seja, a hipótese era de que a depreciação cambial afetaria mais os custos dos insumos utilizados na produção do que os preços dos produtos que utilizam tais insumos, deslocando para cima a curva de custos marginais — que é a de oferta do produto. Se admitirmos que as matérias-primas e os bens intermediários, que são componentes do custo de produção de bens de consumo manufaturados, têm um peso maior no índice de preços por atacado (que, na verdade, é um índice de preços pagos ao produtor, com elevada proporção de bens *tradables*), e os bens de consumo final têm um peso maior no índice de preços aos consumidores (no qual predominam bens domésticos e serviços), as evidências de que o *pass-through* da depreciação cambial para os preços por atacado é maior do que para os preços aos consumidores são, também, de que as curvas de oferta dos produtos consumidos devem ter se contraído. Para colocar essa hipótese à prova, estimei um modelo *vector autorregretion* (VAR) para os preços por atacado e aos consumidores, e as curvas cumulativas de resposta dos preços ao câmbio estão no gráfico 6.[20]

Esse teste indica que, de fato, parte do aumento da inflação se deve a um choque de oferta, mas como a elevação do IPCA foi generalizada, abrangendo também os preços dos serviços, cujos custos dependem dos salários, fica claro que a depreciação cambial também elevou fortemente as expectativas de inflação.[21] A soma desses dois efeitos levava a um salto nas taxas de crescimento dos preços aos consumidores, o que na hipótese de que o Banco Central optasse por trazer a inflação para a meta dentro do ano-calendário acarretaria uma recessão muito profunda. Para minimizar o custo de "desinflar" o Banco Central, seria necessário estender o

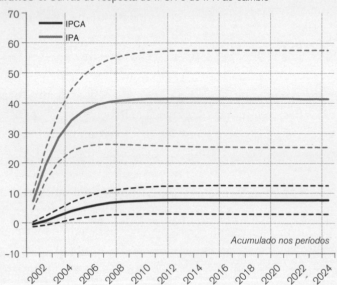

Gráfico 6. Curvas de resposta do IPCA e do IPA ao câmbio

período de convergência da inflação para a meta, e para evitar a perda de credibilidade deveria comunicar com clareza que a depreciação tinha uma causa fiscal, mas optou-se por não o fazer, preferindo centrar sua explicação na hipótese de choque de oferta. A seu favor, contudo, está o cuidado de ter estabelecido metas intermediárias que deveriam ser atingidas com distâncias não muito longas entre os vários pontos, culminando em que a inflação retornasse à meta oficial em um período mais longo do que o final do ano, mas curto o bastante para não erodir a credibilidade no compromisso com a meta. Também a seu favor está o fato de que o presidente do Banco Central Armínio Fraga e os demais diretores da instituição vinham trabalhando junto com o ministro Pedro Malan nos entendimentos com as equipes econômicas dos candidatos à sucessão de FHC e nas negociações do acordo com o FMI, nas quais seriam estabelecidas as metas de superávits primários que, se fossem bem-sucedidas, eliminariam a causa do *sunspot*. A reafirmação definitiva do compromisso com a meta de inflação veio a partir de outubro de 2002 com o início do ciclo de aumento da taxa de juros, quando a Selic teve uma primeira elevação de trezentos pontos-base, seguida de mais uma de cem pontos e de uma nova elevação de trezentos pontos quando, já com Lula eleito e com Henrique Meirelles indicado para a presidência do Banco Central, foi transmitida ao mercado de forma clara a informação de que a instituição manteria a independência no uso da taxa de juros.

Porém, nem tudo o que foi feito merece elogios. Antes dessa elevação, o Banco Central chegou a cortar a Selic em cinquenta pontos-base em 15 de julho de 2002 e o fez em um momento em que o câmbio já vinha se depreciando, indicando que algum movimento, se tivesse que ser realizado, seria na direção oposta, e não na ocorrida. Foi um movimento arriscado, quando as expectativas de inflação já estavam crescendo. Nesse episódio, o Banco Central caminhou sobre gelo fino, correndo riscos, mas ao final conseguiu preservar a credibilidade no compromisso com a meta que vinha sendo conquistada nos anos anteriores, realizando com êxito uma transição que, se não fosse executada com cuidado, poderia ter jogado fora todo um esforço de construção do regime de política econômica.

A economia política da responsabilidade fiscal

No Brasil, a definição da dívida pública difere da que é recomendada pelo FMI aos países-membros. Para o FMI, a dívida pública é igual ao estoque vendido pelo Tesouro ao setor privado mais a totalidade da carteira própria de títulos públicos do Banco Central. Já na definição brasileira, a dívida pública é igual ao estoque da dívida emitida pelo Tesouro, do qual é excluída a carteira própria do Banco Central, mas são incluídas as operações compromissadas do Banco Central no exercício da política monetária. Os dados oficiais da dívida no conceito brasileiro só passaram a ser publicados a partir de 2006, e no gráfico 7 as estimativas do período anterior a essa data são minhas, usando como base a definição brasileira. Em 2002, a dívida pública bruta saltou para 65% do PIB (80% na definição do FMI), mas com a geração de sucessivos superávits primários e ajudada pela valorização do real ela retornou para próximo de 55% do PIB em 2005, continuando a cair até o início de 2014, quando o abandono da responsabilidade fiscal a fez retomar uma trajetória crescente.

Reforço que a crise vivida em 2002 tem todas as características de uma parada brusca, e não de mudanças nos fundamen-

Gráfico 7. Relação dívida/PIB no conceito do FMI e na definição brasileira

tos. Em 1986, foi criada a Secretaria do Tesouro, enquanto a conta movimento foi fechada, realizando a completa separação entre a administração da dívida pública e as operações de mercado aberto por parte do Banco Central. Embora ainda não se cogitasse conceder ao Banco Central uma independência formal, com seus diretores tendo mandato fixo e com o mandato do presidente do banco não coincidindo com o do presidente da República, FHC havia garantido a sua independência no uso do instrumento. Foram, também, realizadas reformas que fechavam as portas pelas quais os déficits dos estados poderiam contaminar o resultado primário do governo consolidado. Um exemplo era o Programa de Incentivo à Redução do Setor Público Estadual na Atividade Bancária (Proes), que permitiu sanear os bancos estatais, grande parte dos quais foi privatizada. Ocorreu, também, a renegociação das dívidas estaduais, que foram assumidas pela União, com os estados se comprometendo a pagá-las em prazos e com taxas de juros pactuados entre as partes, dando como garantia os recursos do fundo de participação de estados e municípios, que, em caso de inadimplência no serviço da dívida, seria retido pelo governo federal.[22] Outro progresso extremamente importante ocorreu com a aprovação, em 2000, da Lei de Responsabilidade Fiscal, que estabelece que gastos públicos não podem ser realizados sem a demonstração das fontes, impondo limites aos gastos com pessoal e penalidades aos gestores federais e estaduais que descumprissem as determinações, além de estabelecer que os gastos com pessoal não poderiam ultrapassar 60% da receita corrente líquida. Por fim, na época da transição do regime de câmbio fixo para o do tripé da política macroeconômica, o governo assumiu o compromisso com a geração de superávits primários que reduzissem a relação dívida/PIB, metas que vinham sendo cumpridas.

Se esse conjunto de medidas não tivesse eliminado por completo o risco da dominância fiscal como a exposta por Sargent e Wallace (1981), pelo menos o teria reduzido de forma substancial. Por algum tempo chegamos a temer que estaríamos sujeitos a outro tipo de dominância fiscal, que foi exposta por Blanchard (2005). Para ele, em condições normais, a elevação da taxa de juros reduziria a inflação, porém, com um conjunto adequado de hipóteses sobre o grau de aversão ao risco de investidores estrangeiros e nacionais, a política monetária poderia ter resultados perversos, com a elevação da taxa básica de juros aumentando a percepção de risco de default da dívida, desestimulando os ingressos de capitais e depreciando o real, o que, em vez de reduzir a inflação, a aumentava. Se as previsões de seu modelo fossem corretas, as elevações da taxa Selic deveriam levar à depreciação cambial, mas as curvas de resposta a impulso em um modelo VAR estimado em dados diários mostra que há uma curva de resposta ao impulso da Selic ao câmbio (como deveria ocorrer para evitar a inflação), mas não do câmbio à Selic[23] (como deveria ocorrer caso Blanchard estivesse correto).

Para solucionar aquela crise, era preciso garantir que todas as conquistas institucionais geradas ao longo do segundo mandato de FHC fossem mantidas, e que o novo governo se comprometesse com as metas de superávits primários, o que tornava necessário estreitar os contatos com todos os candidatos à sucessão presidencial, convencendo-os da importância de manter a estratégia que vinha sendo seguida. Ao mesmo tempo, avançavam as negociações com o FMI para firmar um novo acordo, que substituiria o regime de câmbio fixo pelo de tripé da política macroeconômica. Para tanto, a equipe econômica de FHC iniciou contatos com os assessores econômicos de Lula, Ciro Gomes e Anthony Garotinho, com os dois primeiros rapidamente moderando suas críticas e manifestando a intenção de prosseguir com a responsabilidade fiscal. Durante a campanha eleitoral, Lula, Ciro Gomes e José Serra assumiram o compromisso de cumprir uma meta de superávit primário de, no mínimo, 3,75% do PIB, mas eram apenas manifestações verbais. Ciro Gomes deu um passo além ao encarregar José Alexandre Scheinkman de elaborar seu programa econômico, que em colaboração com Marcos Lisboa culminou na publicação da "Agenda perdida", um documento que trazia um diagnóstico dos problemas e propostas de reformas, a grande maioria de cunho microeconômico. Esse documento passou a ter importância ao ser utilizado por Antonio Palocci para aprovar reformas quando estava à frente do Ministério da Fazenda de Lula. Também era importante que, sob o comando do ministro da Fazenda Pedro Malan, fossem concluídas as negociações de um novo acordo stand-by com o FMI, que colocava à disposição do Brasil recursos que suavizariam os problemas da transição. Em seu texto, estava expressamente colocado que

> a política fiscal teria mais um aperto de forma a manter a dinâmica da dívida sob controle e colocar a relação dívida/PIB em uma trajetória de queda a médio prazo. As metas do superávit primário do setor público consolidado foram elevadas em relação ao objetivo atual de 3% do PIB para 3,35% do PIB em 2001, e 3,5% do PIB em 2002. As novas metas serão atingidas primariamente através do controle dos gastos, contudo protegendo os gastos sociais e os investimentos necessários para solucionar a crise de energia. Devido à depreciação do real e ao aumento da taxa de juros, é projetado que a relação dívida/PIB deverá aumentar para 54% neste ano, mas estabilizar-se em 2002 e declinar a médio e longo prazos.

Tão importante quanto as ações por parte da equipe econômica de FHC era a aceitação da nova equipe. Palocci entendeu a importância de que aquela fosse uma transição suave, o que foi fundamental para convencer Lula de que a adesão ao acordo era o melhor caminho. Foi esse acordo — e o seu cumprimento por parte de Lula — que levou à queda do Embi e à valorização do real, além de induzir Lula a manter, no seu primeiro mandato, a mesma estrutura do "tripé" da política macroeconômica.

O outro passo importante nessa engenharia foi a sinalização de que o Banco Central manteria a independência no uso do instrumento, e a forma encontrada para deixar claro esse compromisso foi indicar Henrique Meirelles para a presidência do banco, com liberdade de escolher seus diretores. A respeito da política monetária, o acordo com o FMI estabelecia que:

a política monetária deverá continuar a ser conduzida no regime de metas de inflação [...]. As autoridades manter-se-ão comprometidas com o regime de câmbio flutuante. [...] E para dar ao Banco Central algum campo para intervenções que limitem que o contágio se espalhe, o programa estabelece um chão de 20 bilhões de dólares para as reservas, ou 5 bilhões de dólares abaixo do limite inferior do programa de stand-by que acabou de ser cancelado.

O claro sinal de adesão de Lula a essas diretrizes ficou registrado no discurso de posse de Palocci no Ministério da Fazenda:

temos um compromisso inegociável com a retomada do crescimento. Entretanto [...], não iremos provocar bolhas de crescimento econômico a partir de uma permissividade perigosa com a inflação. Vamos preservar a responsabilidade fiscal, o controle da inflação e o câmbio livre. Vamos buscar as reformas que se fizerem necessárias para uma retomada sólida e sustentável do crescimento econômico.

Para reafirmar de forma contínua seu compromisso com a responsabilidade fiscal, Palocci repetia de modo incansável:

faremos o superávit primário que for necessário, de modo a garantir de forma inequívoca a sustentabilidade da dívida pública. Essa é a forma mais direta de reduzir o risco-Brasil e as taxas de juros de modo a viabilizar a retomada do crescimento.

Além de receber de FHC um regime econômico que permitiria a retomada do crescimento, dois eventos adicionais favoreceram o governo Lula. O primeiro foi a continuidade do superciclo de preços internacionais de commodities, que duraria até o início da crise financeira global, em 2008, e que após uma queda sensível ocorrida durante aquele episódio retornou com grande vigor em 2010 e 2011. O segundo foram as reformas da "Agenda perdida", retomando o programa inicialmente proposto para o eventual governo de Ciro Gomes.

Não há controle da inflação sem uma âncora nominal, que no regime de câmbio flutuante está assentada na independência do Banco Central no uso do instrumento — a taxa de juros. Porém, o sucesso desse regime exige a responsabilidade fiscal, que, como veremos nos próximos capítulos, teima em ser abandonada.

A acumulação de reservas e o mercado de câmbio

A crise de confiança vivida em 2002 indicava que para consolidar o regime do tripé da política macroeconômica era preciso acumular um nível confortável de reservas. A economia brasileira sofre com a insuficiência das poupanças domésticas em relação aos investimentos, e por isso está exposta a déficits crônicos nas contas-correntes, que precisam ser financiados com ingressos de capitais, na forma de investimentos diretos e em carteira. A volatilidade desses fluxos — em particular dos investimentos em carteira — cresce com o aumento dos riscos associados à fragilidade das políticas macroeconômicas, o que faz com que o Brasil precise de um nível de reservas mais elevado do que países exportadores de commodities e que adotem o câmbio flutuante mas que não estejam expostos ao risco de solvência do setor público, como é o caso da Austrália. Apesar de as reservas brasileiras superarem os 300 bilhões de dólares

A CONSOLIDAÇÃO DO REGIME DO "TRIPÉ DA POLÍTICA MACROECONÔMICA"

e das frequentes intervenções no mercado de câmbio à vista e futuro, a volatilidade do real é muito superior à do dólar australiano, com a Austrália tendo apenas 50 bilhões de dólares de reservas e se abstendo de intervir no mercado de câmbio. Se o problema fosse apenas o do excesso de volatilidade, poderia ser enfrentado com intervenções no mercado futuro de câmbio. Porém, diante da incerteza em relação à manutenção do compromisso com a responsabilidade fiscal é importante dar aos investidores um "seguro" na forma de reservas mais elevadas. É um seguro caro,[24] porém que não pode ser evitado em um país com uma longa história de deslizes na política fiscal.

No entanto, acumular reservas não depende apenas da vontade do governo. É preciso fazê-lo quando as circunstâncias o permitirem, e elas só surgiriam por volta de 2006, apenas dois anos antes do início da crise financeira global. Vivíamos os anos finais da *Great Moderation*, com a inflação nos Estados Unidos se mantendo baixa apesar da política monetária claramente acomodativa que vinha sendo executada por Alan Greenspan. Esta gerou abundantes fluxos cambiais entre 2006 e 2007, que foram quase que integralmente comprados pelo Banco Central (gráfico 8). Como ficará claro no capítulo 5, tais fluxos derivaram de fortes ingressos de capitais, não apenas de investimentos diretos, mas também de enormes ondas de ingressos em carteira. Por exemplo, nos doze meses encerrados no final de 2007, os investimentos em carteira superaram 40 bilhões de dólares, sendo uma metade em renda fixa e a outra em ações. A crise financeira global de 2008 interrompeu esse movimento, que retornou em 2010 e 2011 com enormes estímulos monetários colocados em marcha nos Estados Unidos para superar a crise. Nos doze meses encerrados ao final de 2011, o Brasil tinha recebido mais de 70 bilhões de dólares em investimentos em carteira.

Gráfico 8. Câmbio nominal em reais por dólares e fluxos cambiais

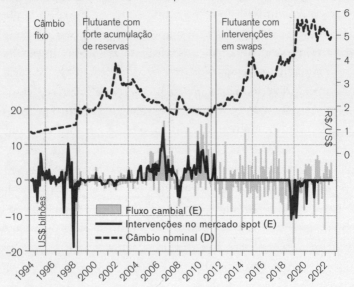

Os dados expostos no gráfico 8 relativos a fluxos cambiais e compra/venda no mercado à vista mostram as mudanças de atitude do Banco Central. No período em que o Brasil esteve no regime de câmbio fixo, a totalidade dos fluxos era absorvida pelo BC. Já no período da flutuação cambial, há dois períodos distintos. Entre 2006 e 2012, quando as compras no mercado à vista permitiram acumular o estoque de reservas, o Banco Central não realizou intervenções no mercado futuro de câmbio, restringindo-se às compras no mercado à vista. No entanto, de 2012 em diante, preferiu operar através dos swaps cambiais.

Por que essa preferência? Já vimos que há uma perfeita equivalência entre os dois tipos de intervenção, mas no caso brasileiro há algo a mais. Comparado aos demais países, o mercado cambial brasileiro tem uma característica sui generis, por ter um mercado futuro bem maior do que o à vista. Embora não haja dados oficiais, a estimativa é que o volume de operações no mercado futuro seja entre cinco e dez vezes maior do que das operações no mercado à vista, o que acarreta implicações na determinação da taxa de câmbio. Em dois trabalhos instigantes, Márcio Garcia (2012; 2015) utilizou uma base de dados intradia que cobre o período de fevereiro de 2006 a maio de 2007 e contém 100% das propostas de compra, venda e negócios fechados nos pregões de dólar futuro e do mercado interbancário. Os trabalhos mostram que não apenas o mercado futuro é, no Brasil, muito mais líquido do que o mercado à vista, como a cotação da taxa de câmbio se forma primeiro no mercado futuro, "sendo então transmitida por arbitragem para o mercado à vista". Só foi possível detectar a precedência das cotações no mercado futuro em relação às cotações no mercado à vista usando dados intradia. Isso não aparece nas análises com base em dados diários. O resultado é que, através dos dealers credenciados no mercado de câmbio, o Banco Central pode, com grande agilidade, realizar intervenções, que em larga medida são feitas para evitar a volatilidade da taxa cambial. Essa característica é, talvez, uma explicação para a preferência do Banco Central pelas intervenções no mercado futuro de câmbio. Como elas afetam o cupom cambial, acabam influenciando os fluxos cambiais. Entre 2012 e 2019, todos os fluxos cambiais vistos no gráfico 8 foram totalmente absorvidos pelos bancos na forma de variações na posição de bancos e afetaram as cotações do real.

No apagar das luzes deste capítulo, resta um último comentário relativo às vendas de dólares no mercado à vista ocorridas nos meses finais de 2019 e iniciais de 2020. Com a pandemia, já em 2020, era natural que a magnitude dos estímulos monetários pudesse derrubar a taxa de juros no

Brasil bem mais do que nos Estados Unidos, levando a uma saída de capitais e à depreciação do real, o que justificaria as vendas por parte do Banco Central no mercado à vista. No entanto, o que justificaria as vendas ainda em 2019, bem antes de qualquer informação de que haveria uma emergência sanitária? Na primeira parte deste capítulo, vimos que quer do ponto de vista dos efeitos sobre a taxa cambial, quer do ponto de vista dos custos, há uma perfeita equivalência entre as intervenções nos mercados à vista e futuro. Mas há uma diferença. Se a demanda é por dólares à vista e o Banco Central vende swaps, o cupom cambial mais alto induz os arbitradores a tomarem recursos no exterior, atendendo à demanda por dólares à vista. É claro que, dependendo da magnitude e da persistência, podemos assistir a um período no qual o cupom cambial persiste muito elevado e muito volátil. Essa era, em larga medida, o quadro existente em 2019. Mas não é a explicação completa. Em julho daquele ano, o Banco Central iniciou um ciclo de quatro reduções de cinquenta pontos-base que levaram a Selic de 6,5% ao ano para 4,5% ao ano. Minha hipótese é que, diante da recuperação muito lenta da longa e profunda recessão de 2014 a 2016, o Banco Central tenha se engajado em uma ação contracíclica, tentando acelerar a recuperação ao colocar a taxa real de juros de mercado abaixo da taxa neutra de juros. O risco de uma operação como essa é uma queda de taxa de juros que produza o desvio de investimentos em renda fixa do Brasil em direção ao exterior, com a saída de capitais levando à depreciação do real. Como veremos no capítulo 6, isso começou a ocorrer e se intensificou em 2020, quando a pandemia elevou ainda mais a queda da taxa de juros. Porém, a favor do Banco Central há o fato de que ainda em 2019, antes da pandemia, e sem saber o que viria em seguida, o cupom cambial era muito elevado e extremamen-

A CONSOLIDAÇÃO DO REGIME DO "TRIPÉ DA POLÍTICA MACROECONÔMICA"

te volátil. O diagnóstico do Banco Central é que o problema poderia ser resolvido em uma operação "casada", com vendas no mercado à vista feitas simultaneamente a swaps reversos da mesma magnitude. No total, em 2019, foram vendidos 33 bilhões de dólares no mercado à vista ao mesmo tempo que foram colocados 33 bilhões de dólares de swaps reversos. No gráfico 9, fica claro que há uma perfeita coincidência entre as vendas à vista e os swaps reversos, e, de fato, o cupom cambial voltou a níveis compatíveis com as taxas de juros daquele momento, com uma volatilidade bem menor do que antes.

Assistíamos, assim, a uma ação "técnica" por parte do Banco Central, que buscava manter o mercado de câmbio funcional, e, pelo que ocorreu com o cupom cambial, que caiu, aquela foi uma operação de sucesso.

Gráfico 9. Intervenções no mercado à vista e swaps reversos

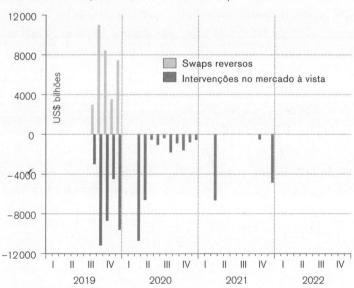

Apêndice

Os investidores partem de três informações: o estoque da dívida naquele momento, b, o nível crítico da dívida, b^*, que se for atingido dispara o "confisco", e a magnitude do "confisco" esperado, $x > 0$, e usam a equação 3.2 para computar, para cada probabilidade p, qual deverá ser o estoque da dívida em $t+1$. Desse ponto em diante, o que precisamos para obter a resposta é de um pouco de geometria. Dados b, x e s, fazemos a probabilidade p variar no intervalo de zero a um, e em um diagrama no qual p está no eixo horizontal e os valores de b_{t+1} estão no eixo vertical traçamos a curva convexa que liga p a b_{t+1}. O exercício é repetido para cada estoque inicial da dívida, b, o que nos revela uma "família" de curvas convexas que se deslocam de modo paralelo para cima para valores de b mais altos.

Quando saímos de uma dívida tal que $b \leq (b^* + s)(1+x)/(1+r)$, a curva está toda abaixo do nível crítico da dívida, b^*, o que significa que a probabilidade $p = 1$ nunca é atingida, e na visão do investidor a única solução possível ocorre com $p = 0$. Contudo, se sairmos de uma dívida inicial tal que $b > (b^* + s)/(1+r)$, a curva estará toda acima do nível crítico da dívida, b^*, e nesse caso a única solução possível é com $p = 1$.

Há um duplo equilíbrio. Na verdade, há mais uma possibilidade, que ocorre quando b está dentro do intervalo entre os dois limites $(b^* + s)(1+x)/(1+r) \geq b > (b^* + s)/(1+r)$, mas esse não é um equilíbrio estável, o que limita a solução aos dois casos analisados.

4
A crise financeira global de 2008 e a crise fiscal na Europa

Introdução

Atualmente os empresários reconhecem que as empresas têm responsabilidade social e a obrigação de adotar técnicas de produção sustentáveis, participando de forma ativa na discussão e na formulação de propostas voltadas à defesa do meio ambiente. Mas essa é uma visão recente. Em artigo publicado no *New York Times* em 1970, Milton Friedman afirmava que "a única responsabilidade social da empresa é a geração de lucros". Friedman era um membro ilustre e ativo da Sociedade Mont Pelèrin, organizada e fundada por Friedrich von Hayek, que acreditava que a crescente interferência do governo na economia era uma ameaça à liberdade individual, e que só poderia ser restaurada se fosse imposto um freio à intervenção governamental e com o retorno a uma economia de livre mercado. No período em que presidiu o Federal Reserve, Alan Greenspan, que tem as mesmas ideias libertárias de Friedman e de Hayek, depositava enorme confiança na hipótese de mercados eficientes, negava a existência de bolhas nos preços dos ativos, acreditava que o mercado financeiro não requeria regulação, e já ocupava aquela posição havia dois anos quando, em 1999, no governo de Bill Clinton, foi revogada a Glass-Steagall Act, que, motivada pela crise de 1929, separou as atividades dos bancos comerciais das dos bancos de investimentos. Embora nos últimos anos Friedman já não exerça a mesma influência junto a economistas e formuladores de política econômica, sua monumental *História monetária dos Estados Unidos*, em coautoria com Anna Schwartz, na qual demonstra que a Grande Depressão se iniciou nos Estados Unidos e foi uma consequência dos erros cometidos pelo Federal Reserve, continua a ser uma obra incontornável. A bolha imobiliária cresceu quando Greenspan presidia o Federal Reserve, e, ao estourar em 2008, seu presidente era Ben Bernanke, que na sua vida acadêmica havia aprofundado a análise de Friedman e Schwartz sobre as causas da Grande Depressão.[1] Consciente de que o profundo conhecimento da história é fundamental para evitar a repetição de erros, ele afirmou em sua saudação por ocasião dos noventa anos de Friedman: *"You're right, we did it. We're very sorry. But thanks to you, we won't do it again"* [Você estava certo, nós fomos os responsáveis. Sentimos muito. Mas, graças a você, não o faremos de novo]. Bernanke foi um dos artífices da reação à crise de 2008, que evitou a repetição do desastroso episódio de 1929.

Ele não foi o único banqueiro central que, naquele episódio, evitou uma crise de proporções muito maiores. A bolha imobiliária que cresceu nos Estados Unidos também se expandiu na Espanha e na Irlanda, no entanto não devido a erros cometidos pelo Banco Central Europeu (BCE), mas pela expansão do crédito ao setor imobiliário. Quando ela estourou, os governos dos dois países tiveram que utilizar recursos públicos para realizar o *bailing-out* da parte do sistema bancário afetada pela crise sistêmica, o que elevou de maneira sensível suas dívidas públicas.[2] A dívida pública espanhola, que oscilava em torno de 40% do PIB antes da operação de salvamento das Cajas de Ahorro,[3] escalou para 120%, e na Irlanda cresceu para 80% do PIB. Embora com a instalação do euro os spreads dos títulos de dívida soberana de países problemáticos em termos fiscais, como é o caso principalmente da Itália, e em menor escala de Portugal, tivessem caído a quase zero, logo após o resgate dos bancos na Espanha e na Irlanda voltaram a se elevar, e por algum tempo se chegou a acreditar que nos encaminhávamos para uma crise de solvência dos governos. Foi em um clima que beirava o pânico que entrou em cena Mario Draghi, presidente do BCE, que colocou ordem em um problema que poderia ter tido consequências devastadoras sobre a economia da região, dando um exemplo de como, através da ação de um banco central e sob circunstâncias muito bem definidas, é possível contornar uma questão que na origem tinha características eminentemente fiscais. Como veremos, a ação desenvolvida por Mario Draghi consistiu em abortar uma crise com a característica de um *sunspot*, que no plano teórico se assemelha à crise da dívida na transição do governo FHC para o governo Lula, em 2002, mas com condições muito diferentes no que diz respeito à capacidade de encaminhar a solução de um problema que tem uma origem fiscal.

Um banco central supranacional pode, na visão dos investidores, gozar de uma reputação maior do que a de governos nacionais em relação à capacidade de honrar o pagamento das dívidas, o que permitiu que, ao afirmar — e tomar as decisões corretas — que faria "*whatever it takes*" [o que for preciso] para normalizar o mercado de títulos de dívida, Draghi tenha tido total sucesso. Mas será que o banco central de um país com uma história de alternância entre responsabilidade e irresponsabilidade fiscais, que esteve várias vezes sujeito à dominância fiscal, teria esse poder?

O nascimento da bolha imobiliária

Galbraith (1990) argumenta que há dois fatores que contribuem para as euforias que precedem as crises. O primeiro é a memória extremamente curta associada a eventos marcantes. Episódios como a bolha da Nasdaq, a bolha dos bulbos de tulipa no século XVII, na Holanda, ou a South Sea Bubble têm origens, problemas e consequências logo esquecidos. O segundo é o encantamento com técnicas altamente sofisticadas aplicadas a operações financeiras. Quando combinadas à abundância de recursos, há duas consequências possíveis: ou são gerados enormes ganhos, que ocorrem durante uma fase de expansão do ciclo econômico; ou são gerados enormes prejuízos, na fase da contração. Nos anos que antecederam o estouro da bolha imobiliária, nos Estados Unidos, houve um progressivo relaxamento da atenção dos reguladores com os riscos, disseminou-se pelo mercado financeiro o uso de derivativos com complexidade crescente e, ao mesmo tempo, vivíamos o período da *Great Moderation*, no qual a volatilidade das taxas de variação do PIB se manteve extraordinariamente baixa, levando muitos a acreditar que os ciclos econômicos não existiam mais. Foi naquele clima de excesso de confiança que Robert Lucas (2003) chegou a afirmar que não haveria mais espaço para políticas macroeconômicas voltadas ao aplainamento dos ciclos econômicos.

Nos Estados Unidos, a forte expansão do consumo ocorrida nos anos anteriores à crise de 2008 provocou um aumento dos déficits nas contas-correntes, intensificando-se as advertências de que o excesso dos gastos domésticos sobre o PIB não seria sustentável.[4] Não era isso que ocorria nos países com economias menos desenvolvidas. As cicatrizes das sucessivas crises nos balanços de pagamentos dos países emergentes os haviam motivado a gerar superávits e a acumular reservas, habilitando-os a enfrentar os choques que no passado geravam crises. Foi esse o caso do Brasil, que quando a crise emergiu em 2008 já havia elevado seu estoque de reservas internacionais para 200 bilhões de dólares, e o caminho escolhido pela China, que pelo tamanho de sua economia tinha efeitos de primeira ordem de magnitude sobre a economia mundial, mas optou pela manutenção de reservas elevadas.[5] Se um grupo de países gera superávits, outro enfrenta déficits, e na interpretação de Bernanke a causa dos déficits nas contas-correntes norte-americanas não deveria ser procurada dentro de suas fronteiras, mas seria uma consequência dos superávits que ocorriam no restante do mundo, em particular na China. Uma intepretação semelhante era defendida por Dooley, Folkerts-Landau e Garber (2004; 2009). A China, um país com taxas de poupança elevadas, prendia a sua moeda ao dólar, mantendo assim o câmbio real depreciado, e produzia superávits nas contas-correntes, investindo o excesso da poupança doméstica sobre os investimentos em capital fixo em ativos no exterior, com predominância nos títulos do Tesouro dos Estados Unidos, que, com isso, financiavam seus déficits nas contas-correntes. Foi com elevado senso de humor que Niall Ferguson (2008) juntou a China, com superávits nas contas-correntes gerados pelo excesso de poupanças em relação aos investimentos, e os Estados Unidos, com um consumo familiar muito maior, elevando a absorção em relação ao PIB e provocando déficits nas contas-correntes, em um país imaginário, a Chimerica, que vivia "feliz" com uma parte de sua população "viciada" em poupar financiando o "vício do consumo" do restante.

Quando, em 2004, diante do aumento da inflação o Federal Reserve iniciou um ciclo de aumento da taxa de juros que levou a taxa dos *fed funds* a 5,25% ao ano, as taxas de juros das *treasuries* de cinco e dez anos se mantiveram estranhamente baixas. Greenspan não tinha uma explicação, afirmando que era um *conundrum* [enigma]. Para Bernanke não havia um *conundrum*, mas um *savings glut* [excesso de poupança]: as compras de *treasuries* por parte dos países com grandes superávits nas contas-correntes geravam forte expansão da demanda por esses ativos nos Estados Unidos, elevando seus preços e reduzindo seus *yields*. Não havia nenhum *conundrum* nem um *savings glut* na forma definida por Bernanke, mas a manifestação de um fenômeno de característica global que já havia ocorrido na Grande Depressão, em 1929. Esse fenômeno voltou à atenção dos economistas a partir das análises de Larry Summers sobre a *secular stagnation*, que o atribuiu ao enorme aumento da poupança da população mais jovem provocado pelo sensível aumento da longevidade em todo o mundo desenvolvido, levando as taxas neutras de juros nos países desenvolvidos para próximo de zero, e que devido às suas causas tende a ficar conosco por um extenso período. Por conta disso, quando eclodiu a pandemia em 2020, os bancos centrais ao redor do mundo estavam com suas taxas básicas de juros perto de zero, e para gerar estímulos monetários foram obrigados a expandir os ativos de seus balanços em intensidade ainda maior do que na crise de 2008.

O reconhecimento de que havia uma bolha

Entre o início do ano 2000 e abril de 2007, os preços dos imóveis nos Estados Unidos cresceram 121% (gráfico 1). Foi uma elevação muito superior à dos preços dos aluguéis e dos materiais de construção, levando Schiller (2007) a caracterizar esse comportamento como uma bolha.[6] Contudo, a enorme confiança nas previsões da hipótese do mercado eficiente era a "garantia" de que não existiam bolhas nos preços dos ativos, que seriam determinados exclusivamente pelos fundamentos. Ignoravam-se as evidências históricas apresentadas por Kindelberger (1978) e as percepções desenvolvidas por Schiller (2000) e por Ackerloff e Schiller (2009). Todos mostravam a importância de fatores psicológicos para apoiar a proposição de que os desvios dos preços dos ativos com relação aos seus

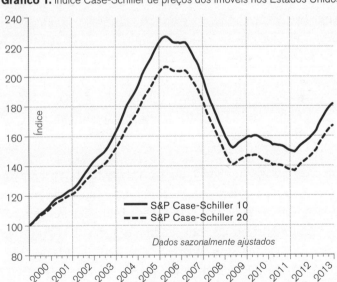

Gráfico 1. Índice Case-Schiller de preços dos imóveis nos Estados Unidos

fundamentos eram uma consequência natural do comportamento humano — ou do *animal spirit*.

O segundo fator eram os juros baixos, que acentuavam a valorização dos preços dos ativos, levando ao diagnóstico de que além da bolha nos preços dos imóveis haveria também uma nos preços dos *bonds*. A contrapartida desse movimento no plano global era a elevação dos preços de commodities, como petróleo e metais,[7] com reflexos importantes sobre o crescimento brasileiro, aumentando-o.[8] Taxas de juros próximas de zero alimentam bolhas nos preços dos ativos, que inflam ainda mais quando são alimentadas pela expansão do crédito. No Reino Unido também ocorreu uma bolha, mas a taxa de juros se manteve sempre mais elevada do que nos Estados Unidos, com o crescimento dos preços sendo estimulado pelo crédito. Da mesma forma, a Espanha, que após a criação do euro passou a ter a mesma moeda da Alemanha e a ser submetida à mesma política monetária, viu inflar uma bolha imobiliária devido à expansão do crédito que só ocorreu dentro de suas fronteiras, e não na Alemanha, onde a expansão do crédito imobiliário foi muito mais contida. Isso também foi o que aconteceu no caso da Irlanda.

O mercado imobiliário e a alavancagem das famílias

Na fase de euforia que precedeu a crise de 2008, a inteligência levou à criação de técnicas de intermediação financeira extremamente sofisticadas, porém eram tão herméticas que era difícil entender suas consequências. O sistema bancário não conservava mais os empréstimos imobiliários no ativo de seu balanço até o vencimento, distribuindo-os através de "veículos especiais". Quais eram esses "veículos"? As hipotecas eram securitizadas na forma de Mortgage-Backed Securities (MBS), que por sua vez eram vendidas a investidores que buscavam obter retornos mais elevados. Julgava-se que, com isso, os riscos seriam passados adiante, mas eram as instituições geradoras dos ativos — os bancos — que financiavam as posições alavancadas dos investidores que as retinham até o vencimento, o que fazia com que os financiadores continuassem expostos aos riscos. Acreditava-se que não havia a necessidade de que todas as instituições financeiras fossem submetidas à supervisão prudencial, que os riscos econômicos haviam caído de forma permanente, e que o mercado seria perfeitamente capaz de se autorregular. Criou-se um sistema bancário paralelo, fortemente alavancado, visto como o grande responsável pela viabilização dos investimentos das corporações. Mas os preços dos imóveis — e como consequência das MBS — não eram determinados apenas pelos "fundamentos". Havia uma bolha que estourou, fazendo com que de abril de 2007 a maio de 2009 o índice Case-Shiller de preços dos imóveis tivesse uma queda próxima de 30%. Com isso, caiu o valor de mercado do estoque de riqueza das famílias — a soma da riqueza financeira e dos imóveis —, descobrindo-se que a destruição de riqueza ocorrida em 2008 foi maior do que a da época do estouro da bolha do mercado de ações, entre 2000 e 2002.

É frequente que se associe a recessão ao início da crise no sistema financeiro, mas ela começou antes. Na origem da queda do PIB, em 2008, também está um problema monetário, mas dessa vez não devido a um erro operacional do Federal Reserve, como em 1929, mas a uma forte contração do crédito combinado com a elevada alavancagem das famílias, que gerou um "efeito riqueza" que contraiu o consumo. Um bom entendimento de como isso ocorreu é dado pela análise de Mian e

Sufi (2014). A alavancagem das famílias é a consequência do financiamento em hipotecas. De fato, uma família que tinha adquirido um imóvel de 200 mil dólares com uma hipoteca de 160 mil dólares tem uma riqueza de 40 mil dólares, e a queda de 20% no preço do imóvel a deixa com um estoque nulo de riqueza. No entanto, se tivesse o mesmo estoque de riqueza (40 mil dólares), porém aplicado em ativos financeiros (morando em um imóvel alugado), a queda de 20% no preço dos ativos financeiros geraria uma perda de riqueza de apenas 8 mil dólares. Se a propensão marginal a consumir em relação à riqueza líquida em imóveis for igual à de consumir a riqueza líquida em ativos financeiros, devido à diferença no grau de alavancagem — grande em um caso e, no outro, nula —, a contração do consumo será maior no estouro da bolha imobiliária do que diante de uma queda dos preços dos ativos financeiros. O "efeito riqueza" combinado à facilidade na obtenção de financiamentos a taxas de juros baixas levava as famílias a aumentarem o consumo, elevando o comprometimento das rendas futuras através do endividamento.

No caso do crédito imobiliário, o aumento da oferta foi impulsionado em parte pelas agências apoiadas pelo governo — Freddie Mac e Fannie Mae —, e em parte pelo próprio sistema financeiro. A dívida das famílias em imóveis, que no início do ano 2000 atingia 60% da renda disponível, escalou no terceiro trimestre de 2007 para 100% da renda disponível, levando seu endividamento total para perto de 130% da renda disponível. Tal aumento deveria ter acendido uma luz de advertência quanto ao risco sistêmico, em particular diante das evidências de que havia uma bolha e que a alavancagem no sistema financeiro havia crescido. Em um livro dedicado à sua visão da crise, Geithner (2014) reconhece o risco que vem do crescimento exagerado do endividamento em hipotecas, mas confessa que não previa que a queda dos preços dos imóveis poderia ter aquela magnitude.

A desregulação e os derivativos ampliando os riscos

Originalmente, Freddie Mac e Fannie Mae — duas entidades estabelecidas pelo governo para impulsionar o mercado imobiliário — foram concebidas para gerar garantias contra os riscos nas hipotecas, mas a partir de certo ponto passaram a ser usadas para acentuar a expansão dos financiamentos de imóveis. Um financiador podia vender uma hipoteca a uma delas, que a juntava a outras hipotecas e emitia um título representativo desse conjunto de ativos — uma MBS —, o qual era vendido a investidores, obtendo os recursos repassados ao financiador do imóvel. Além de facilitar os financiamentos em hipotecas, Freddie Mac e Fannie Mae passaram a reter MBS em suas carteiras, gerando mais crédito sem que tivessem a base adequada de capital. Advertências sobre a insuficiência de sua base de capital eram feitas com frequência, porém continuaram a ser ignoradas. A alavancagem chegou a 75 vezes a sua base de capital,[9] e com esse nível bastaria uma queda de 1,4% dos preços dos imóveis que lastreavam as MBS para que desaparecesse toda a base de capital de Freddie Mac e Fannie Mae, tornando-as insolventes.

Rajan (2010) argumenta que o estímulo ao mercado imobiliário permitido pelas agências foi, no plano político, uma resposta dada pelo governo à insatisfação da sociedade em relação ao aumento da concentração na distribuição pessoal de rendas. A distância entre os ricos e os menos ricos e pobres vinha se acentuando, em parte devido às crescentes dificuldades de acesso à educação, e em parte por conta dos lucros exagerados no sistema financeiro, que levavam ao pagamento de compensações muito elevadas a empregados e sócios. Crescia a percepção de que o "sonho americano" das oportunidades de ganhos materiais desaparecia, e a forma encontrada pelo governo para mitigar os efeitos dessa tendência no plano político foi facilitar aos menos favorecidos o acesso à casa própria, o que exigia o aumento do crédito, e disso nasceu o apoio à ação de Freddie Mac e Fannie Mae para estimular o mercado imobiliário.

A segunda condição para a expansão do crédito veio do próprio sistema financeiro, com o aumento de sua propensão ao risco. Um marco representativo dessa atitude foi a revogação do Glass-Steagall Act, em novembro de 1999, que eliminou a separação entre bancos comerciais e de investimento, mas não podemos ignorar que a "crença" naqueles anos, em grande parte propagandeada pela visão de Greenspan, era de que o mercado seria perfeitamente capaz de se autorregular e evitar os riscos. Eram anos nos quais quem levantasse dúvidas sobre a hipótese de mercados eficientes era tido como alguém "descrente da ciência econômica", cujo status se aproximava ao da física clássica, sendo punido com a sua exclusão do seleto "círculo dos iluminados". Em vez de uma hipoteca ficar até ser liquidada no ativo do balanço do banco que concedeu o empréstimo, uma terceira instituição poderia "originá-la", sendo somada a outras para construir o lastro de uma MBS, que era livremente transacionada no mercado secundário. Algumas dessas hipotecas eram baseadas em financiamentos concedidos a devedores com alta capacidade de pagamento, e outras, a devedores com menor capacidade. Surgiram, assim, as hipotecas subprime, emitidas com taxas de juros reajustáveis, porém com ou sem a opção de reajustar os pagamentos mensais; com amortizações muito longas, superiores a trinta anos; com amortizações negativas, cujos pagamentos iniciais não cobriam sequer os custos dos juros; sem nenhuma documentação e sem a necessidade de comprovação de renda por parte do comprador. Em condições normais, a combinação de várias hipotecas em uma única security tende a diluir os riscos. Se um devedor de uma hipoteca que está de forma integral no ativo do balanço de um banco entrar em default, acarretará um prejuízo suportado por completo por esse banco, mas se essa hipoteca representar uma pequena fração de uma MBS, gerará apenas uma perda parcial. Com a diluição de riscos era possível incluir em uma MBS hipotecas subprime, e se uma delas não fosse honrada geraria apenas uma pequena mudança no seu preço. Mas esse resultado só ocorre em condições normais, quando a probabilidade de default por parte de um devedor é independente da probabilidade dos demais, o que não é o caso quando as famílias estão excessivamente endividadas e ocorre uma queda generalizada dos preços dos imóveis. Isso acarreta a queda dos preços das MBS, cujos efeitos se ampliam com a alavancagem de seus detentores.

Contudo, a imaginação do sistema financeiro não parou aí, sendo criadas as *collateralized debt obligations* (CDO), nas quais as MBS eram divididas em tranches de acordo com os seus riscos.[10] Os CDO podiam ser vendidos a hedge funds, a bancos de investimento ou a quaisquer outros administradores de ativos, contando com a certificação de agências de classificação de risco. Supunha-se que as MBS emitidas por Freddie Mac e Fannie Mae tinham uma "garantia implícita" do governo, o que dava conforto a administradores de fundos, bancos de investimento e indivíduos ricos dentro e fora dos Estados Unidos. Um novo salto foi o aparecimento das MBS "privadas",[11] sem as garantias de Freddie Mac e Fannie Mae, que eram divididas em "fatias" de acordo com os riscos e combinadas em CDOS, e um passo além foi dado quando surgiu a possibilidade de obter, através de um *credit default swap* (CDS) emitido por empresas que supostamente poderiam suportar riscos, um "seguro" contra os riscos de uma MBS, de um CDO, ou ainda de um CDO lastreado em outro CDO, denominado no mercado financeiro de CDO^2 — um CDO elevado ao quadrado.[12] Nesse sistema complexo, as hipotecas eram originadas por vários intermediários, entre os quais estavam bancos e companhias de poupança e empréstimos. Algumas hipotecas eram mantidas no ativo do balanço da empresa que as originava, e outras eram empacotadas em MBS ou CDO e vendidas a investidores, companhias de seguros, bancos estrangeiros, hedge funds, entre outros. Ao lado disso havia companhias, como a AIG, que vendiam seguros para esses ativos.

Os CDS são um instrumento híbrido — um seguro e ao mesmo tempo um derivativo —, que nos Estados Unidos não são regulados pela agência responsável pelos seguros propriamente ditos. Tentativas de regulação do mercado de derivativos foram de imediato rechaçadas pelo governo,[13] e ao contrário do que ocorre no Brasil, onde os derivativos são transacionados em bolsa, com margens de garantia e um sistema centralizado de clearing, nos Estados Unidos ocorrem no "mercado de balcão", executados por vários bancos, sem nenhuma centralização, supervisão ou oferecimento de garantias, o que elevou o risco de contraparte.[14]

A ação do governo em uma crise sistêmica

Quando os preços dos imóveis começaram a cair, ocorreram perdas por parte das empresas que detinham MBS e CDO e das empresas que vendiam seguros de crédito. Muitas dessas instituições tinham posições alavancadas nesses dois ativos e por isso dependiam de financiamento de outras instituições, que corriam o risco de contraparte. Para fugir disso, os financiadores deixaram de prover recursos aos detentores de MBS e CDO, acentuando a percepção de insolvência. O estouro da bolha gerou uma reação em cadeia. Uma análise profunda de como se chegou à crise é realizada por Blinder (2013), e a sequência de eventos, ao lado do relato do papel de cada um dos atores nesse drama, é exposta por Sorkin (2009).

Em 16 de março de 2008, com a assistência do Federal Reserve, o Bear Sterns foi vendido ao J. P. Morgan. Em 7 de setembro, tornou-se claro que Freddie Mac e Fannie Mae estavam insolventes, e o Congresso autorizou que o Tesouro dos Estados Unidos garantisse as suas obrigações. O evento mais agudo da crise ocorreu no dia 15 de setembro, com a quebra do banco Lehman Brothers. Nesse dia, o Bank of America concordou em adquirir a Merril Lynch por 50 bilhões de dólares. O secretário do Tesouro, Henry Paulson, tinha que optar entre impedir a quebra, usando recursos públicos, ou deixar que ela ocorresse. Optou por não utilizar recursos públicos para fugir do *moral hazard* [risco moral] e decidiu que fosse comunicado aos dirigentes do Lehman Brothers que entrassem com o pedido de falência. De imediato, as taxas de juros no mercado interbancário saltaram (gráfico 2). Diante da possibilidade de uma paralisação do sistema financeiro internacional, levando o mundo a uma depressão, não havia alternativa a não ser enfrentar o risco do *moral hazard*.[15] Isso começou a ocorrer em uma reunião do G7, em 10 de outubro, na qual ministros e presidentes de bancos centrais declararam para o público que não haveria mais quebras de nenhuma instituição sistemicamente importante.[16] O primeiro a se pronunciar foi o então primeiro-ministro britânico, Gordon

Gráfico 2. Taxas de juros em empréstimos interbancários nos Estados Unidos, Libor (% ao ano)

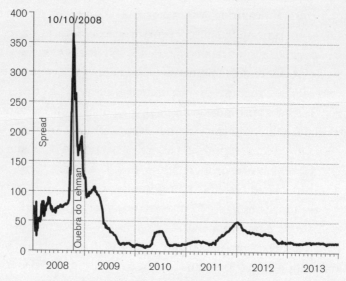

Brown, e sua atitude em propor que fosse dada uma garantia contra novas quebras foi chave para estancar a propagação da crise. Logo em seguida, as taxas de juros no mercado interbancário começaram a cair.

Em uma crise com essa característica, a função de emprestador de última instância adquire uma importância enorme, e para isso foram usadas todas as justificativas possíveis.[17] Várias instituições que não se qualificavam para receber a ajuda do Federal Reserve foram transformadas em holdings bancárias. Em 16 de setembro, o Federal Reserve não teve alternativa a não ser emprestar 85 bilhões de dólares à AIG, evitando a quebra, com o governo assumindo o controle da companhia. Em 25 de setembro, partes do Washington Mutual acabaram nas mãos do J. P. Morgan. Por fim, depois de uma enorme sequência de escaramuças políticas, em 3 de outubro o Senado dos Estados Unidos aprovou o pacote de *bailing-out* do sistema financeiro, no valor de 700 bilhões de dólares, com todos os bancos sistemicamente importantes sendo obrigados a aceitar uma capitalização direta com os recursos do Tesouro aprovados pelo Congresso. O pacote ficou conhecido como Troubled Assets Relief Program (TARP) e na sua concepção original usaria os recursos aprovados pelo Congresso para comprar "ativos tóxicos", e não para injetar diretamente capital nos bancos. Mas a que preços esses ativos seriam comprados? Havia bancos que carregavam proporções elevadas desses ativos no seu balanço, e, se os "ativos tóxicos" fossem comprados a preço de mercado, esses bancos estariam insolventes. Isso obrigaria o governo a comprar acima do preço de mercado, o que em termos políticos era mais custoso do que uma capitalização direta dos bancos. No Reino Unido, Gordon Brown não teve dúvidas — optou de imediato pela capitalização direta —, mas Paulson resistiu a adotar esse caminho, que era o preferido de Bernanke. Em uma reunião sui generis realizada no Tesouro, presidida por Paulson e com as presenças de Bernanke, Geithner e dos reguladores (entre os quais estavam o Federal Deposit Insurance Corporation — FDIC — e o Comptroller of the Currency), os banqueiros convocados foram *obrigados* a aceitar a capitalização imposta pelo Tesouro. Nem todos os bancos tinham insuficiência de capital, mas o governo queria evitar que o banco que o aceitasse carregasse o "estigma" da capitalização insuficiente. Sorkin (2009) e Blinder (2013) relatam que nessa reunião foram alocados 125 bilhões de dólares (Citibank, J. P. Morgan e Wells Fargo levaram 25 bilhões de dólares cada; Merril Lynch, Goldman Sachs e Morgan Stanley levaram 10 bilhões de dólares cada, entre outros).

Medidas monetárias não convencionais

Antes do início da crise financeira global, em 2008, os bancos centrais ao redor do mundo realizavam a política monetária utilizando como único instrumento as vendas com compromissos de recompra de títulos de sua carteira própria, através das quais determinam a taxa de juros básica da economia. A profundidade da crise logo trouxe a taxa de juros básica para o *zero lower bound*, e, dada a impossibilidade de operar com taxas de juros nominais negativas, a menor taxa real à qual se poderia chegar seria o negativo da taxa de inflação, que era insuficiente para reativar a economia. Restava apenas um caminho, o da compra definitiva de títulos públicos com vencimentos em todos os prazos, dos mais curtos até os mais longos.[18] Porém, tais compras não poderiam ser pagas com a emissão de moeda, mas com recursos emprestados das reservas bancárias, sobre as quais são pagos juros aos bancos. Com isso, os bancos centrais adquiriram a capacidade de influenciar toda a estrutura a termo de taxas de juros.

Quero insistir na distinção entre essa operação e a monetização pura e simples da dívida. Como o estoque de moeda se deprecia com o "imposto inflacionário", uma dívida paga com moeda logo seria trocada por bens e demais ativos, elevando a inflação. É essa a forma na qual começam as hiperinflações. No entanto, ao comprar os títulos públicos, pagando-os com reservas bancárias, ocorre apenas uma mudança na composição do ativo da sociedade (termo entendido aqui como a soma dos bancos, das empresas financeiras e não financeiras e dos indivíduos), com a redução do estoque de títulos, sobre o qual o governo paga juros, que são substituídos pelas reservas bancárias, sobre as quais o banco central paga juros. Como o banco central do país é um instrumento do governo, a compra dos títulos emitidos pelo tesouro para custear os gastos com dívida não reduz o passivo do governo como um todo (consolidando o tesouro e o banco central), só muda de mãos o estoque de títulos, comprados pelo banco central, que, por sua vez, se endivida junto ao sistema bancário ao tomar emprestado as reservas bancárias com as quais pagou a compra do estoque de ativos.

Logo no início da crise, além de expandir o ativo de seu balanço ao agir na qualidade de um emprestador de última instância e proporcionar liquidez aos bancos para evitar uma contração nos empréstimos, o Federal Reserve o expandiu ao comprar MBS com vistas a estimular o mercado imobiliário, a maior vítima da crise. Mas logo em seguida passou a comprar também *treasuries*, com o objetivo de reduzir as taxas de juros em prazos mais longos, de forma a estimular a economia. Na primeira rodada de *quantitative easing* (o QE) comprou 600 bilhões de dólares entre as dívidas de Freddie Mac e Fannie Mae e as MBS por elas emitidas. Já na segunda metade de 2010, a fraca atividade econômica elevava o risco de deflação, e em setembro o Federal Reserve deu início ao QE2. De início, tinha a intenção de manter o tamanho do seu ativo, recomprando o valor do principal dos títulos que venciam, mas em novembro de 2010 anunciou que compraria um adicional de 600 bilhões de dólares em *treasuries*. Em setembro de 2011, iniciou a operação *twist*, com a venda de 400 bilhões de dólares de ativos de longo prazo e, ao mesmo tempo, a compra de 400 bilhões de dólares em ativos de curto prazo, estendendo-a em junho de 2012. Por fim, em setembro de 2013, o Federal Reserve anunciou o QE3. As compras deveriam prosseguir "enquanto a perspectiva para o mercado de trabalho não melhorasse de forma substancial". O canal de transmissão mais importante foi o dos preços dos ativos. Com o QE2, as taxas das *treasuries* de dez anos caíram abaixo de 3%, mas voltaram a se elevar, provocando em setembro de 2011 o lançamento da operação *twist*, o que manteve as taxas de dez anos abaixo de 2% até o início de 2013 (gráfico 3).

O outro "preço de ativo" afetado foi a taxa cambial. A expansão do ativo do Federal Reserve, superior à do Banco Central Europeu e da grande maioria dos demais bancos centrais, levou em 2010 e 2011 ao contínuo enfraquecimento do dólar em relação a todas essas moedas. Uma evidência empírica desse comportamento aparece no gráfico 4, no qual todas as taxas cambiais são medidas em relação ao dólar norte-americano e se referem à mesma base de comparação, que é a respectiva média do período coberto pelas séries no gráfico. Todas elas — inclusive o real — têm uma trajetória semelhante de valorização em relação ao dólar (ou o dólar se enfraquecendo em

Gráfico 3. Taxas de juros *fed funds*, *T bills* e *treasuries*

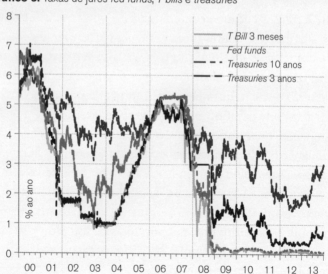

Gráfico 4. Trajetória das taxas cambiais em relação ao dólar norte-americano

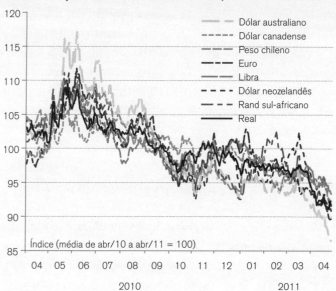

relação a todas). Chamo atenção para as consequências desses dois movimentos sobre a economia brasileira. A forte queda das taxas de juros nos Estados Unidos e o sensível enfraquecimento do dólar foram duas forças que favoreceram a economia brasileira com um fluxo de capitais, iniciado a partir de 2010, que não apenas ajudou no crescimento do PIB de 7,5%, em 2010, como na segunda rodada de acumulação de reservas, iniciada tão logo a economia mundial começou a se recuperar e o Brasil se beneficiou de um forte ingresso de capitais. O outro impulso favorável à economia brasileira foi a retomada, após uma queda durante a fase mais aguda da crise financeira global, da valorização dos preços internacionais das commodities.

Se, de um lado, a economia brasileira sofreu uma recessão profunda na época da recessão global, de outro a reação do

Federal Reserve gerou um enorme impulso que favoreceu a nossa recuperação, quer devido à recuperação dos preços das commodities, quer devido ao enorme aumento da liquidez internacional, que levou a um ingresso de capitais sem precedente, como será visto no capítulo 5. O crescimento excepcional do PIB brasileiro de 7,5% em 2010 se deve em grande parte aos estímulos gerados pelo Federal Reserve à recuperação da economia norte-americana.

A crise fiscal na Europa e o papel do BCE

Com a criação do euro, surgiu na Europa uma união monetária, mas não uma união fiscal. Curiosamente, embora a Europa não preenchesse nenhuma das condições para se tornar uma união monetária, teve o apoio irrestrito de Robert Mundell, criador da teoria das áreas monetárias ótimas[19] e defensor do regime de câmbio fixo. Por isso, vamos começar com as vantagens e as limitações de ter uma moeda única.

Suponha que os Estados Unidos fossem divididos em dois países, os Estados Unidos do Leste e os Estados Unidos do Oeste, sendo este último produtor e o primeiro consumidor de petróleo, enquanto cada um usa a própria moeda, chamadas de dólar-leste e dólar-oeste, respectivamente. Suponha, agora, que um terceiro país, um grande produtor de petróleo, tenha o poder de elevar de forma discricionária os seus preços internacionais e resolva explorar em benefício próprio o "poder de monopólio". Ao elevar os preços do petróleo, gera um ganho para os Estados Unidos do Oeste e uma perda para os Estados Unidos do Leste. Há, dessa forma, um "choque assimétrico", que afeta de modo diferente as duas economias. Se ambos estiverem no regime de câmbio flutuante, o dólar-leste se depreciará em relação ao dólar-oeste, o que impede uma contração maior do PIB dos Estados Unidos do Leste à custa de uma expansão menor dos Estados Unidos do Oeste. Contudo, se os dois formassem uma união monetária, adotando uma moeda única, o custo do ajustamento só seria minimizado caso existisse a plena mobilidade de mão de obra, com os trabalhadores desempregados do Leste migrando para o Oeste, onde a expansão da demanda estaria criando empregos, ou se entre os dois fosse formada uma união fiscal, com os Estados Unidos do Leste expandindo os gastos e os Estados Unidos do Oeste contraindo. Infelizmente, devido a diferenças de língua e cultura, entre outras, na Europa não há nem a plena mobilidade de mão de obra, nem ela se transformou em uma perfeita união fiscal, o que significa que há custos de ajustamento que são de primeira ordem de magnitude. Taxas de desemprego na Espanha muito mais altas do que as na Alemanha mostram que as barreiras de língua e cultura são um forte impedimento à migração. Da mesma forma, embora nos últimos anos tenham sido criados programas de gastos realizados por governos de países beneficiados, com base em recursos arrecadados em países mais desenvolvidos, o que caracteriza um importante passo na direção de uma união fiscal, os movimentos são muito recentes e têm uma magnitude ainda limitada. A razão para criar o euro não foi econômica, mas política. França e Alemanha concordaram que a aproximação entre os países proporcionada pelo euro acabaria com guerras, o que de fato ocorreu, e que com o tempo a Europa criaria as condições ideais para a moeda única. Não tem sido uma tarefa fácil, mas, apesar de crises de dívida em alguns países, o continente vive um longo período de estabilidade e crescimento, e, como veremos ao final desta seção, anos após a crise da dívida começamos a ter sinais claros de que há um movimento em direção à união fiscal.

Ao criar a união monetária e para minimizar os problemas acarretados pelas diferentes situações fiscais dos países, o Tratado de Maastricht impôs que cada um tivesse um déficit público de no máximo 3% do PIB e uma dívida pública de no máximo 60% do PIB. Porém, estabeleceu cláusulas de escape que permitiram a adesão de membros com déficits acima de 3% e dívidas superiores a 60% do PIB, que foram usadas por vários países. Apesar de dívidas públicas elevadas, países que antes tinham $r > g$, a partir de sua adesão ao euro, em 1999, assistiram à convergência das taxas de juros (gráfico 5). Desse ponto em diante, países como Itália, Irlanda, Espanha, Portugal e Grécia adquiriram a capacidade de tomar empréstimos a taxas de juros semelhantes às da Alemanha, e esse movimento foi acentuado pelas regulações que permitiam que os bancos tratassem como livres de risco todos os títulos de dívida sobe-

Gráfico 5. Convergência e divergência das taxas de juros

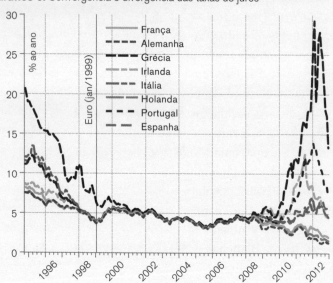

rana dos países da zona do euro. No entanto, quando ocorreu a quebra do Lehman Brothers, a trajetória das taxas de juros se inverteu. Elevaram-se os prêmios de risco dos títulos da Itália, que no momento da implementação do euro já tinha uma relação dívida/PIB superior a 100%; e da Grécia, cujo governo continuou a se endividar. Já as dívidas da Espanha e da Irlanda, que vinham declinando em proporção ao PIB com a elevada responsabilidade fiscal, cresceram fortemente para realizar o *bailing-out* das Cajas de Ahorro, na Espanha, e dos bancos, na Irlanda. Na Grécia, que com a colaboração de um banco de investimento reputado internacionalmente havia fraudado a contabilidade da dívida pública, o prêmio de risco escalou até um máximo de 3700 pontos em fevereiro de 2012. Interagindo com a crise de dívida soberana, havia uma crise bancária, com evidências claras de que as duas se autoalimentavam.[20] A recessão na Europa provocou perdas devido ao aumento de *non-performing loans* das empresas não financeiras, e no ativo dos bancos estavam tanto empréstimos ao setor privado quanto títulos de dívida soberana, com as instituições sendo obrigadas a "marcar a mercado" os preços dos títulos públicos.

A crise de dívida na Europa excitou a mente dos economistas, fazendo florescer uma extensa literatura sobre a sustentabilidade da dívida. Com base em Calvo (1988), Giavazzi e Pagano (1989), formulam um modelo explicativo da crise de dívida na Europa, cuja solução admite um duplo equilíbrio. Uma formalização bem mais profunda desse tipo de crise, de sua dependência do nível da dívida e de sua estrutura de vencimentos é dada por Lorenzoni e Werning (2019). No capítulo 3, ao discutir o problema da dívida brasileira, fiz referência a uma análise de Blanchard (2022), que capta a essência do que é discutido nessa literatura, na qual uma crise pode ocorrer devido aos fundamentos fracos ou a um *sunspot*. Para ele, as crises de dívida em geral têm as duas características, o que fica evidente no caso europeu, e a capacidade que um banco central tem de amainá-la depende da percepção dos investidores sobre o compromisso em honrá-la por parte do tesouro ou por parte do banco central. No caso europeu, o fato de o BCE ser um banco central supranacional dava a ele uma percepção de senioridade no que diz respeito à dívida relativamente ao tesouro do país em questão, que facilitou a tarefa. Logo após tomar posse no BCE, Mario Draghi começou a afirmar que a política monetária não conseguiria solucionar sozinha os problemas fiscais dos países mais frágeis da zona do euro. Ela apenas poderia proporcionar alívios temporários, até que um novo compromisso fiscal fosse assumido entre os países da União Europeia. Sua pregação era por uma verdadeira união econômica, sintetizada na frase: "Precisamos de mais euro, não de menos euro", o que implicava que os países mais frágeis pudessem "tomar emprestado" parte da confiança depositada nos mais fortes. A assinatura do "Fiscal Compact" no início de dezembro de 2011 disparou ações fiscais contracionistas em vários países, como Espanha e Itália, que de início foram saudadas como o caminho da solução, mas logo em seguida revelaram ter custos elevados, como o aumento do desemprego. Restava um único caminho, que era a participação ativa do BCE, comprando os títulos dos países mais frágeis, e isso estancou a crise. Esse foi o caminho seguido por Draghi, quando se comprometeu a fazer *"whatever it takes to preserve the euro"* [o que for preciso para proteger o euro]. *"Believe me, it will be enough"* [Acredite, será suficiente]. Os dados do gráfico 6 mostram as compras de títulos públicos realizadas pelo BCE com base no Securities Market Programme (SMP), cuja intensidade cresceu na primeira metade de 2011.

Gráfico 6. BCE: programa de compra de títulos de dívida soberana

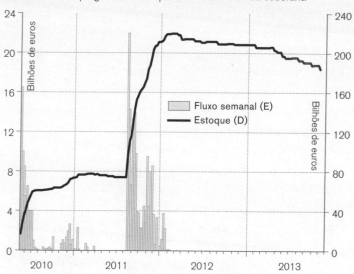

Com isso, a Europa deixou de enfrentar uma crise que poderia ter acarretado consequências devastadoras para a economia do bloco. Em outubro de 2011, o BCE anunciou uma segunda fase do programa de compra de ativos (CBPP), ao qual se somou um *longer term refinancing operations* (LTRO) de doze meses destinado a prover fundos ao sistema bancário. Em 8 de dezembro de 2011, o BCE foi mais agressivo do que antes e anunciou dois leilões do LTRO de 36 meses. Com prazo de vencimento de três anos, foi uma resposta vigorosa aos efeitos sobre o sistema bancário vindos da crise de dívida soberana. Em 8 de dezembro de 2011, foram anunciadas medidas, entre as quais dois LTRO com maturidade de três anos e a redução da proporção de reservas que as instituições de crédito na zona do euro têm que manter nos bancos centrais nacionais, de 2% para 1%.[21] Ao comprar títulos de dívida soberana, o BCE evitava a erosão da base de capital dos bancos, atuando para normalizar a oferta de crédito. Buiter e Rahbari (2012) especulam que o LTRO serviu a algo mais do que apenas expandir o crédito. Os bancos teriam uma fonte barata de funding para comprar títulos de dívida soberana, ganhando a diferença entre as duas taxas, o que trazido a valor presente elevava a sua base de capital, transformando-se em uma forma indireta de elevar o capital do sistema bancário.

Embora a Europa não seja uma união fiscal perfeita, o que limita a sua capacidade de realizar uma política fiscal voltada ao agregado dos países-membros, tem dado passos importantes nessa direção. Refiro-me ao programa NextGenerationEU (NGEU), com início em 2021, no qual a expectativa era de investir 750 bilhões de euros até 2026. Em 2020, a União Europeia havia experimentado o seu primeiro programa de custo elevado, o Support to Mitigate Unemployment Risks in an Emergency (Sure), no valor de 100 bilhões de euros, totalmente financiado pelo *sure social bonds*, títulos supranacionais emitidos pela própria European Commission. O Sure foi o primeiro passo para o NGEU, que, devido a seu tamanho, também exigiu um montante de recursos indisponível no orçamento da União Europeia, e para cujo financiamento foram criados os *EUBonds* (com maturidade de dois a dez anos) e os *EUBills* (de três meses a um ano), que são títulos supranacionais. Essa mudança alterou por completo a posição da União Europeia no mercado de títulos públicos europeus e será vista em mais detalhes no capítulo 6.

5
Mudanças de rumo

O período anterior à crise de 2008

Entre a posse de Lula, em janeiro de 2003, e o início da crise financeira global, em 2008, o Brasil vinha cumprindo todos os compromissos estabelecidos no acordo stand-by negociado com o FMI pela equipe econômica de FHC. O cumprimento das metas de superávit primário levou à queda da dívida pública para 55% do PIB, e naqueles anos o Banco Central, presidido por Henrique Meirelles, continuou a exercer a independência no uso da taxa de juros, mantendo a inflação próxima da meta. O desaparecimento do temor de que Lula renegasse o compromisso com o pagamento da dívida pública fez com que o risco-Brasil medido pelo Embi, que em setembro de 2002 estava em 2460 pontos, caísse no final de 2007 para 223 pontos. As sucessivas promoções por parte das agências de classificação de risco indicavam que nos aproximávamos da conquista do grau de investimento que, enfim, foi obtido em 30 de abril de 2008 junto à agência

Standard and Poor's. O cumprimento das metas de superávit primário e de inflação provocou a queda acentuada da taxa real de juros, que medida sobre a tendência ajustada à taxa real ex ante de um ano caiu de 16% ao ano, em 2002, para 8% ao ano, em 2007 (gráfico 1). Uma queda dessa magnitude, com a inflação atual próxima das expectativas, e com estas — em horizontes mais curtos e mais longos — ancoradas às respectivas metas de inflação, é uma evidência de que ao longo de sua trajetória de queda a taxa real de juros observada gravitou perto da taxa neutra de juros.[1] Dessa forma, a linha de tendência no gráfico 1 é, também, uma estimativa da tendência de queda da taxa neutra de juros.

No entanto, apesar da boa execução das políticas fiscal e monetária, não se pode ignorar que o desempenho da economia brasileira no período que antecedeu a crise financeira

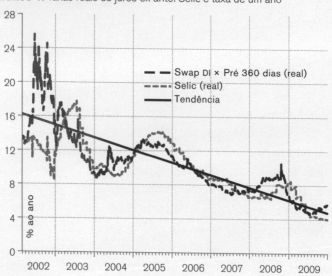

Gráfico 1. Taxas reais de juros ex ante: Selic e taxa de um ano

global contou com uma boa dose de sorte. Entre 2002 e 2008, não só ocorreu o maior ciclo de enfraquecimento do dólar em décadas, com o dollar index[2] passando de 119, em setembro de 2002, para 72, em março de 2008, como o índice CRB de preços internacionais de commodities teve uma valorização de 112%, provocando um forte ganho nas relações de troca, com reflexos nas contas-correntes, que, naquele ano, chegaram a um pequeno superávit, fato inédito em um país extremamente dependente de ingressos de capitais para financiar os déficits crônicos nas contas-correntes.

A reação dos Estados Unidos à crise financeira global, em 2010 e 2011, com forte expansão monetária e taxas de juros baixas, é uma das causas dos ingressos de capitais no Brasil, que também foram empurrados para dentro de nossas fronteiras pela percepção de queda do risco associado à sustentabilidade da dívida pública, e com o país conquistando o grau de investimento. Nos doze meses encerrados em dezembro de 2007, o ingresso líquido nas contas financeira e de capitais atingiu inéditos 80 bilhões de dólares, uma cifra naquele momento muito próxima da totalidade do superávit do balanço de pagamentos, o que criou a oportunidade para a primeira onda de acumulação de reservas (gráfico 2).

Em 2010, o crescimento do PIB de 7,5% ocorreu com significativa recuperação dos investimentos em capital fixo, o que levou ao sensível crescimento das importações, contribuindo para a geração de déficits nas contas-correntes. Em condições normais, teríamos pressões para a depreciação do câmbio real, mas uma nova onda de investimentos em carteira e de investimentos estrangeiros diretos, dessa vez em uma intensidade duas vezes superior à anterior, levou a um fluxo nunca ocorrido nas contas financeira e de capitais, o que produziu um novo superávit no balanço de pagamentos. Aquele ingresso excepcional

Gráfico 2. Contas-correntes, conta financeira e conta de capital

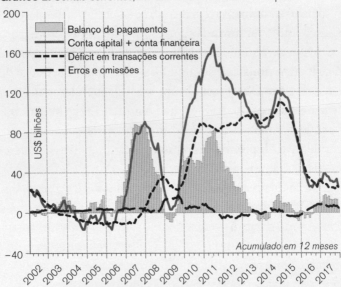

de capitais era fruto, em parte, da disciplina fiscal brasileira e, em parte, da enorme expansão de liquidez internacional gerada pelas políticas monetárias dos Estados Unidos e da Europa. No acumulado dos doze meses encerrados ao final do terceiro trimestre de 2022, as contas financeira e de capitais tiveram um ingresso de 160 bilhões de dólares, o dobro do déficit no mesmo período nas contas-correntes. Esses dois superávits foram responsáveis pelos fluxos cambiais positivos vistos no capítulo 3, e o Banco Central teve a prudência de usar esse novo ciclo no balanço de pagamentos para aumentar ainda mais as reservas, que em 2011 superaram a marca de 300 bilhões de dólares.

Foi a primeira vez em nossa história que ocorreu uma acumulação de reservas tão grande, o que criava um problema no relacionamento entre o Banco Central e o Tesouro, que não estava previsto na legislação existente. A Lei de Responsabilidade

Fiscal havia proibido o Banco Central de emitir títulos próprios (as LBC). Porém, para o exercício da política monetária, ele passou a utilizar as operações compromissadas com base nos títulos do Tesouro existentes na sua carteira própria, com as quais procede à esterilização dos efeitos monetários da acumulação de reservas. Mas como tratar as variações patrimoniais vindas de mudanças no valor expresso em reais do estoque das reservas em dólares? No balanço do Banco Central, as reservas são contabilizadas pelo regime de competência, gerando lucros medidos em reais no caso de depreciação, e prejuízos no caso oposto. Para disciplinar o procedimento nessas situações, em 2008 foi aprovada a lei nº 11803, que determina que, em caso de resultado positivo, é uma obrigação do Banco Central para com a União, devendo ser objeto de pagamento em caixa até o décimo dia subsequente à aprovação do balanço do Banco Central pelo Conselho Monetário Nacional; e, se negativo, é uma obrigação da União para com o Banco Central, devendo ser objeto de pagamento com a liquidação feita em títulos, que passam a integrar a sua carteira própria. O artigo terceiro da lei estabelece que o valor depositado pelo Banco Central na conta única do Tesouro, decorrente do ganho patrimonial proveniente da valorização das reservas, deve ser exclusivamente destinado ao pagamento da Dívida Pública Mobiliária Federal, devendo priorizar a dívida existente no Banco Central. Em princípio, esse dispositivo impede o financiamento do Tesouro na forma de senhoriagem, mas, como será visto adiante, em 2015 foram usados artifícios que permitiram o financiamento disfarçado ao Tesouro por parte do Banco Central,[3] o que levou a uma crise política que culminou no impeachment de Dilma Rousseff, que foi substituída por Michel Temer, sob cuja presidência ocorreu a última das várias mudanças de rumo na política econômica analisadas neste capítulo.

A crise de 2008 e o problema do crédito

Embora tenha sido profunda, com uma queda do PIB no quarto trimestre de 2008 à taxa anualizada de 14%, a recessão gerada pelo contágio da crise financeira global foi muito curta, durando apenas dois trimestres, sendo seguida de forte recuperação.[4] O real, que em junho de 2008 chegou a 1,56 por dólar, atingiu 2,50 por dólar em dezembro, com uma depreciação de 60%. A inflação, que já estava em crescimento, passou de 4,6% no final de 2007 para 6,1% em maio de 2008, o que levou o Banco Central a iniciar, ainda em abril daquele ano, um ciclo de duas altas de cinquenta pontos-base da Selic, que foi seguido de mais dois aumentos de 75 pontos-base. A inclinação positiva da curva de juros levou a taxa real ex ante de um ano acima de 8% ao ano, caracterizando uma política monetária restritiva.[5] Após atingir 6,4%, em novembro de 2008 — apenas um pouco abaixo do limite superior de 6,5% do intervalo para a meta —, a inflação passou a declinar.

O maior problema enfrentado pelo Banco Central não foi trazer a inflação de volta à meta, à qual ela logo retornou, mas administrar o problema do crédito, evitando uma recessão mais profunda. A crise de 2008 havia advertido o mundo contra a acumulação de riscos no sistema financeiro, surgindo recomendações de que as medidas macroprudenciais "deveriam fazer parte da caixa de ferramentas dos bancos centrais".[6] No Brasil, diferente do que ocorreu nos Estados Unidos, os bancos não tinham problemas de solvência, o que impediu uma contração mais intensa e duradoura do crédito. Porém, como foi exposto em detalhes no trabalho de Mesquita e Torós (2010), que à época eram diretores do Banco Central, este teve que atuar como emprestador de última instância, tendo sido obrigado a reduzir o recolhimento compulsório sobre depósitos à vista e a prazo, e buscar a redução dos efeitos sobre os empréstimos em reais da cessação do funding externo e do empoçamento da liquidez no caixa dos grandes bancos. Foi também ampliado o Fundo Garantidor de Crédito, que, até certo limite, dava garantias sobre depósitos e aplicações financeiras por parte de investidores domésticos.

Um ponto que merece destaque na reação à crise de 2008 é a atuação do Banco Central no sentido de impedir que a parada brusca das linhas de financiamento às exportações provocasse uma contração ainda maior. A queda de 52% do valor em dólares das exportações mundiais, combinada com a queda do índice CRB de preços internacionais das commodities, produziu uma forte redução das nossas exportações, com uma queda também acentuada das importações (gráfico 3), que em grande parte foi provocada pela forte redução dos investimentos em capital fixo ocasionada pela curta, porém profunda, recessão. Entretanto, a redução das exportações teria sido ainda maior caso o Banco Central não tivesse agido de pronto para impedir os efeitos da parada brusca nas linhas de financiamento ao comércio exterior, e o fez oferecendo aos intermediários financeiros linhas em dólares com base nas reservas internacionais, que nessa época já estavam em torno de 200 bilhões de dólares. A operação era realizada contra a garantia dos recebíveis e em prazos inferiores a 360 dias. O Banco Central chegou a mobilizar em tais operações cerca de 15 bilhões de dólares, o que levou a uma queda de igual magnitude das reservas no conceito de caixa, mas não no conceito da liquidez internacional, dado que eram financiamentos abaixo de 360 dias de prazo e com a garantia dos recebíveis das exportações — um ativo extremamente líquido.

Mas não foi apenas o crédito à exportação que despencou. Os bancos brasileiros e demais instituições financeiras não re-

Gráfico 3. Exportações mundiais e importações e exportações brasileiras

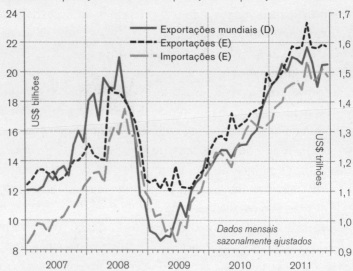

tinham MBS e CDO nos ativos de seus balanços, e por isso não foram diretamente afetados pelo estouro da bolha imobiliária e pela crise bancária nos Estados Unidos. No entanto, dependiam de quantidades significativas de funding externo para realizar empréstimos em reais, o que cessou, obrigando-os a recorrer ao funding doméstico. A incerteza sobre qual seria o tamanho da recessão, afetando os riscos das empresas tomadoras de empréstimos, e por consequência os bancos, levou a uma atitude de defesa contra o risco de crédito, incluindo a retração dos bancos grandes, que no mercado interbancário reduziram, ou mesmo eliminaram, os repasses de recursos a bancos pequenos e médios.

O problema se agravou quando alguns bancos e empresas brasileiros foram contaminados pela euforia descrita por Galbraith (1993) e passaram a realizar operações exóticas com derivativos. Bancos são instituições aparelhadas a resolver três problemas: o da liquidez; o da assimetria de informação; e o da eliminação do *moral hazard*. Depositantes não têm que se preocupar com os prazos elevados dos empréstimos, porque os bancos sabem manejar o seu caixa para garantir a liquidez dos depósitos. Ao se especializarem na avaliação dos riscos incorridos pelas empresas, os bancos permitem que indivíduos e empresas que queiram aplicar seus recursos no mercado financeiro não precisem acumular informações sobre os tomadores dos empréstimos, o que reduz seus riscos. Mas, para terem sucesso nesse campo, os bancos têm que estar seguros de que estão livres do *moral hazard*, que ocorre quando o tomador de um empréstimo se vê tentado a, em vez de utilizar os recursos no negócio ao qual se propõe, aplicá-los em outra atividade de grande risco, cuja magnitude e probabilidade de sucesso por vezes se assemelham ao risco incorrido em uma aposta na loteria. A forte valorização do real era um convite à realização de uma dessas operações exóticas, denominada *target forward*. Nela a empresa vendia dólares ao banco não para obter recursos em reais, mas como uma forma de "apostar" em um lucro futuro. O banco pagava à empresa um prêmio — que, no caso, era expressivo, gerando receita financeira — para ter o direito de comprar dólares em uma data futura e a uma cotação preestabelecida. Em geral, essa operação era montada de forma a, caso a empresa auferisse um lucro máximo predeterminado, toda a operação poder ser desmontada. Porém, caso ocorresse um ajuste negativo — ou seja, o dólar acima de uma cotação *target* —, a empresa perderia um múltiplo, que poderia ser o dobro ou mais da operação, gerando grandes prejuízos. O fato de que naqueles anos a aposta no real só tinha a direção da valorização gerou uma tentação — induzida pelos bancos que criaram a operação, e que foi aceita de forma leviana por várias empresas —, de realizar lucros em atividades que nada tinham a ver com o seu negócio e que ocorriam nas tesourarias. Envolveram-se nessas operações grandes empresas nacionais com governanças corporativas supostamente competentes, fazendo surgir dúvidas sobre qual seria o número de empresas envolvidas, agravando a contração do crédito.

Felizmente, essa "aventura" não expunha o sistema financeiro a um risco sistêmico. Desse modo, não interferiu com a condução da política monetária, apenas puniu com pesados prejuízos os aventureiros que com ela se encantaram.

O ciclo político de 2010

No último ano do seu segundo mandato, Lula mudou radicalmente a orientação de seu governo, caracterizando um claro ciclo político. Em março de 2006, o ministro Antonio Palocci, um ardoroso defensor do cumprimento das metas de superávit primário dimensionadas para reduzir a dívida pública em relação ao PIB, foi substituído por Guido Mantega, que em 2007 e 2008 cumpriu — ainda que a contragosto — as metas de superávit primário, mas partir de 2009 alterou por completo a política fiscal, deixando claro qual era o seu entendimento da política econômica. Depois de seis anos de superávits primários acima de 3% do PIB, em 2009 e 2010 os superávits primários recorrentes caíram para perto de 1% do PIB. Além de um aumento nos gastos, o governo começou a dar estímulos na forma de redução de impostos destinados a setores específicos da economia — os denominados gastos tributários. De uma média abaixo de 1,5% do PIB no período de 2000 a 2005, tais gastos se elevaram para perto de 2% do PIB em 2007, continuando a subir desse ponto em diante (gráfico 4). Lula queria eleger seu sucessor, e para isso pretendia acelerar o crescimento do PIB,[7] o que o levou a abusar dos estímulos fiscais. O crescimento excepcional de 7,5% em 2010, retratado pela revista *The Economist* como um foguete na forma do Cristo Redentor decolando do alto do Corcovado, não foi fruto de uma política econômica que se manteve de forma rigorosa dentro do modelo do tripé da política macroeconômica estabelecido no governo FHC, ou do "fator sorte", que como uma dádiva vinda da China provocou a forte elevação dos preços internacionais das commodities, mas consequência de um ciclo político. O desvio em relação à meta de superávit primário, provocado pelo efeito conjunto das "renúncias tributárias" e dos aumentos de gastos, foi vendido como uma política fiscal contracíclica, assemelhada

Gráfico 4. Gastos tributários em proporção ao PIB

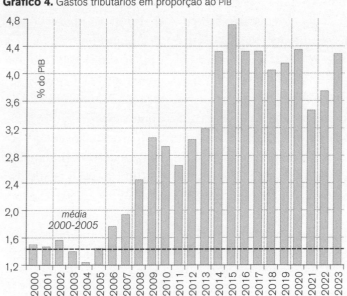

às praticadas em países fiscalmente responsáveis, mas logo começaram a aparecer provas de que o que se almejava era algo muito diferente.

Havia em marcha um projeto de poder para o qual o governo estava disposto a utilizar todos os recursos disponíveis. Um deles era a prática de usar o Banco Nacional de Desenvolvimento Econômico e Social (BNDES) para conceder empréstimos a juros subsidiados a "campeões nacionais", que retribuiriam com apoio político ao governo. Era uma prática que cresceria ainda mais no governo de Dilma Rousseff. Para dar fôlego ao BNDES, o Tesouro passou a lhe transferir títulos públicos por fora do orçamento, cujo total subiu de 4% do PIB, em 2009, para 6% do PIB, em 2010 (gráfico 5).

No campo da política monetária, ocorreu uma pausa em um ciclo de alta da taxa de juros, cujo efeito sobre a inflação foi substituído por medidas macroprudenciais. Esse é um problema que merece uma discussão mais detida. Ainda em 2008, em circunstâncias bem mais difíceis, o Banco Central não hesitou em elevar a taxa Selic em 250 pontos, reancorando as expectativas e trazendo a inflação de volta ao centro da meta, o que lhe permitiu, em janeiro de 2009, iniciar um ciclo de queda que foi precedido por uma redução ainda mais forte da taxa de juros de um ano, o que atesta que a queda das expectativas de inflação dava pleno suporte ao movimento imprimido à taxa básica de juros. Em 2010, contudo, sua conduta foi muito diferente. Desde o final de 2009, as taxas de inflação esperadas doze meses à frente vinham subindo, levando a uma tendência semelhante nas taxas de juros nominais de um ano. Diante desse quadro, no início do segundo trimestre de 2009, o Banco Central começou a efetuar duas elevações de 75 pontos na Selic, seguidas de mais uma de cinquenta pontos, mas em julho esse movimento foi interrompido, só sendo retomado

Gráfico 5. Títulos públicos transferidos ao BNDES por fora do orçamento

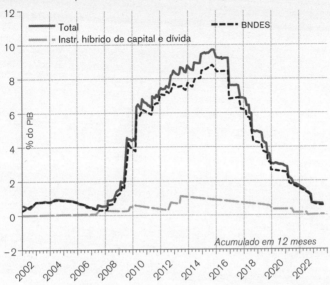

em 2011, já com novos presidentes da República e do Banco Central (gráfico 6).

Durante aquela pausa, o Banco Central lançou mão de dois tipos de medidas macroprudenciais: as que limitam a expansão do crédito, como as exigências sobre o capital dos bancos e os recolhimentos de compulsório sobre os depósitos; e os controles sobre os ingressos de capitais, motivados pela tendência de valorização do real que ainda se mantinha, mas em breve teria sua tendência invertida. A sucessão de estímulos fiscais vinha provocando uma robusta expansão da demanda (em 2010, o PIB cresceu 7,5%), e eram frequentes os financiamentos para a compra de automóveis com entradas muito pequenas ou mesmo nulas, com prazos de financiamento longos, estendendo-se a cinco anos. O aumento das novas concessões de crédito se acelerou, elevando o endividamento e o compro-

Gráfico 6. Selic e a taxa de juros de 360 dias

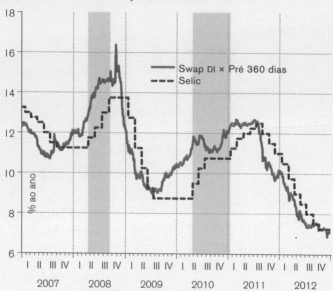

metimento de renda das famílias, o que expunha o sistema bancário ao risco de aumento da inadimplência, justificando o uso de medidas como um requisito de capital mais elevado nas operações de financiamento a pessoas físicas com prazos superiores a 24 meses. Por exemplo, nas operações de crédito concedido a pessoas físicas com prazo superior a 24 meses, o Fator de Ponderação de Risco (FPR) passou de 100% para 150%. Outras medidas foram o aumento de 8% para 12% do adicional do recolhimento compulsório sobre depósitos à vista e a prazo; e o aumento de 15% para 20% do recolhimento compulsório sobre depósitos a prazo.

A estaca de sustentação do regime de metas de inflação é a credibilidade atribuída pela sociedade ao compromisso da instituição com a meta de inflação, e o uso de medidas macroprudenciais deve ser analisado levando em conta em primeiro lugar a sua eficácia, agindo para evitar a piora dos riscos associados aos empréstimos. As medidas macroprudenciais têm um propósito muito bem definido — evitar a acumulação de riscos sistêmicos —, e elas tiveram alguma eficácia em reduzir a velocidade de crescimento do endividamento das famílias, forçando os bancos a melhorarem a qualidade dos devedores. No entanto, se forem entendidas como uma forma de substituir de maneira temporária o que é inevitável, isto é, a elevação da taxa de juros, elas acarretam um custo que deveria ser evitável em um regime de metas de inflação, que é a confiança que o mercado atribui ao compromisso do Banco Central com a meta de inflação. Dessa forma, é difícil aceitar que tais medidas sejam utilizadas como um substituto ao instrumento da taxa básica de juros, e o fato de a pausa na trajetória incompleta de elevação da taxa Selic ter ocorrido exatamente durante a campanha eleitoral de 2010, sendo retomada após a eleição com mais duas altas de cinquenta pontos-base e de mais três de 25 pontos-base, é indicativo de que o ciclo de aperto monetário havia sido insuficiente. Por mais que as medidas macroprudenciais tenham contribuído para minimizar o exagero ocorrido nos financiamentos aos consumidores, estes eram um substituto imperfeito para a elevação da taxa de juros. Esse é um erro que o Banco Central não deveria ter cometido, e por isso sofreu o custo de queda de credibilidade com efeitos sobre a eficácia nos mecanismos de transmissão da política monetária. Ao controlar a expansão do crédito, caiu a velocidade de crescimento das vendas de automóveis, com reflexos no consumo. Mas sua eficácia é limitada, e mesmo diante da sua adoção a inflação permaneceu elevada, crescendo até superar, na metade de 2011, o limite superior do intervalo onde estava a meta, o que obrigou o Banco

Central a reiniciar o aumento da taxa Selic no início de 2011. Para reancorar as expectativas e deixar claro que cumpriria o compromisso com a meta de inflação, o Banco Central foi obrigado a seguir o caminho que deveria ter sido adotado às vésperas de uma eleição, deixando claro que não se dobraria a exigências políticas.

Responsabilidade fiscal ladeira abaixo

A eleição de Dilma Rousseff para a presidência da República marcou o fim de qualquer compromisso com a responsabilidade fiscal e a total submissão do Banco Central aos objetivos políticos do governo. Ao assumir o mandato, em janeiro de 2011, Dilma manteve Guido Mantega no Ministério da Fazenda. Ele havia criado, em 24 de dezembro de 2008, um fundo soberano destinado a realizar "investimentos produtivos" em ativos de algum país ao redor do mundo com os recursos provenientes, talvez, das receitas da recém-descoberta área do pré-sal, o que dava uma indicação da qualidade de sua visão sobre o problema econômico. Reservas são um seguro contra possíveis choques externos, e não um ativo utilizado para gerar ganhos em investimentos em outros países, copiando o exemplo de nações cujo excesso de dólares não tinha como ser utilizado em suas próprias economias. A criação do fundo soberano tinha uma clara característica de propaganda do governo, que estaria ingressando no grupo dos ricos países produtores de petróleo. Ao longo de 2011, Mantega ainda fez uma tentativa de elevar os superávits primários, que, no final do ano, chegaram à marca de 2% do PIB — ainda assim um nível inferior ao necessário para manter a relação dívida/PIB em queda —, para começar a cair logo em seguida. Além da decisão de aumentar os gastos públicos, o governo reiniciou a concessão de estímulos tributários, provocando o crescimento contínuo das renúncias tributárias, e intensificou as transferências de títulos públicos por fora do orçamento para o BNDES, estendendo essa prática em favor da Caixa Econômica com os denominados "instrumentos híbridos de dívida e capital".

A característica marcante desse novo estilo de política econômica era o ativismo. Reduções de impostos beneficiavam setores específicos. Na mesma direção atuaram os empréstimos por parte de bancos oficiais. A participação dos bancos públicos no total de empréstimos foi de 34%, em setembro de 2008, para 52%, em fevereiro de 2014, e isso foi feito em grande parte com recursos proporcionados pelo Tesouro por fora do orçamento. O Tesouro emitia dívida vendendo títulos públicos, e os recursos transferidos aos bancos oficiais por fora do orçamento eram integralmente deduzidos no cômputo da dívida líquida como se fossem ativos líquidos, com o governo "criando" um conceito de dívida líquida que mascarava o verdadeiro tamanho do endividamento público. Entre 2008 e 2010, foram transferidos 6% do PIB, e até o final de 2010 as transferências já haviam superado 9,5% do PIB. De início, o forte aumento das receitas tributárias provocado pelos efeitos defasados do crescimento de 2010 e, em menor escala, de 2011, ao lado da queda da taxa de juros neutra ocasionada por anos sucessivos de responsabilidade fiscal, ainda permitiu que a relação dívida/PIB se mantivesse estável, em torno de 55% do PIB, mas em 2014 essa tendência mudou, com a dívida bruta entrando em clara tendência de crescimento.

No final de 2014, Dilma Rousseff tomou a decisão de demitir Guido Mantega do Ministério da Fazenda, substituindo-o por Joaquim Levy, cuja tarefa seria retornar à responsabilidade fiscal. Incapaz de produzir alguma alteração no rumo da política fiscal, Levy durou menos de um ano no cargo. Quando foi demitido, o total de renúncias tributárias já havia superado a marca de 4% do PIB, enquanto o total de transferências por fora do orçamento através dos "instrumentos híbridos de dívida e de capital" ao BNDES e à Caixa Econômica já estava praticamente em 10% do PIB, e a relação dívida/PIB, em pleno e vigoroso crescimento, já havia muito superara a marca de 60% do PIB, o que levou a Standard and Poor's, ainda com Levy no ministério, a rebaixar a nota de *rating* do Brasil para o "grau especulativo".

Entrávamos em um período de desmonte institucional, que incluiu o abandono das regras que haviam sido impostas pela Lei de Responsabilidade Fiscal. Um de seus dispositivos é a proibição de criar despesas permanentes com base em aumentos transitórios de receita, o que foi deixado de lado pelo governo, e o descontrole se ampliou, afrouxando a disciplina dos estados. Durante o governo FHC, portas haviam sido fechadas ao privatizar bancos estaduais e com o governo federal assumindo a dívida dos estados.[8] Em vez de os estados buscarem a ajuda federal quando ocorressem desvios, a lei impunha que retornassem ao equilíbrio controlando gastos. No entanto, a pressão dos estados sobre o governo federal fez com que a ordem de causalidade fosse invertida: diante de um desequilíbrio nos estados, a lei era alterada, sem controlar os gastos. Um estudo produzido pela Secretaria do Tesouro em 2018 relata como isso ocorreu. Em 2013, o governo propôs a lei complementar nº 148, aprovada 2014 pelo Congresso, segundo a qual a taxa que remunera esses contratos passava a ser a menor de duas: IPCA mais juros de 4% ao ano; ou a Selic. Entretanto, o escopo da lei foi ampliado no Congresso Nacional, que definiu que além da mudança dos encargos dos contratos deveriam ser concedidos descontos sobre os saldos devedores proporcionais aos fluxos dos débitos e créditos desses contratos capitalizados pela taxa Selic. Nesse caso, não apenas o Tesouro teve uma perda financeira de 98 bilhões de reais, como estava comprometida a função da Lei de Responsabilidade Fiscal de atuar como um parâmetro, impondo disciplina aos estados.

Em vez de a prática de política fiscal se ajustar às leis, passamos a assistir às leis se adaptando para acomodar as práticas de política fiscal. Para piorar ainda mais o quadro, o governo federal convidava alguns estados a se endividarem ao tomar empréstimos em bancos públicos com seu aval, e vários deles descumpriram os limites de gastos em pessoal. Tais estouros foram ocultados por artifícios contábeis, sob o olhar complacente ou a cumplicidade dos Tribunais de Contas dos estados.

A submissão do Banco Central

Um dos episódios mais graves, nesse período, ocorreu no campo da política monetária. Logo na primeira reunião de 2011, o Comitê de Política Monetária (Copom), presidido por Alexandre Tombini, iniciou um ciclo de elevação da Selic com dois aumentos de cinquenta pontos-base seguidos de mais três de 25 pontos-base, com a taxa de juros chegando a 11,5%. Era preciso completar o ciclo de ajuste que havia sido interrompido antes da eleição, quando foram utilizadas as medidas macroprudenciais, o que, considerado de forma isolada, já havia sido um erro. Para surpresa de todos, no entanto, na reunião seguinte, quando o mercado financeiro julgava que o que se seguiria seria uma nova elevação ou, no máximo, uma pausa, o Banco Central reduziu a taxa de juros em 25 pontos-base e anunciou que novas reduções se seguiriam. Vivíamos, naquele momento, uma nova fase da crise financeira global na

Europa, quando foi revelado que à crise bancária que tinha afetado a Espanha e a Irlanda se seguia uma crise de dívida soberana da Grécia, o que abalou a União Europeia e obrigou Mario Draghi, o então presidente do BCE, a injetar estímulos monetários e a afirmar que faria *whatever it takes* para evitar o contágio e a consequente recessão na Europa. De concreto, havia o temor de que poderíamos estar diante de um novo evento de cauda, com consequências semelhantes, ainda que menos intensas, às geradas pelo estouro da bolha imobiliária e pela quebra do Lehman Brothers. Mas, apesar de nada indicar que a economia brasileira pudesse ser afetada por isso, o Banco Central iniciou uma redução da taxa de juros, o que colocou uma marca muito negativa sobre a instituição.

No texto da ata da reunião do Copom em que a decisão foi tomada, o Banco Central se refere à estimativa realizada com base em um modelo DSGE, através da qual conclui que a queda levaria a inflação ao centro da meta, de 4,5%, "mesmo diante de um choque recessivo com uma magnitude de 25% da ocorrida quando da quebra do banco Lehman Brothers". Modelos DSGE nas mãos de economistas "imprudentes", "descuidados" e "buscando outros objetivos a não ser o seu mandato efetivo, que é a meta de inflação" se prestam a mistificação de resultados. Em "The Trouble with Macroeconomics", Paul Romer (2016) começa analisando as evidências que foram utilizadas por Romer e Romer (1989), com base em "narrativas econômicas" parecidas às utilizadas por Friedman e Schwartz em *A Monetary History of the United States: 1867-1960*, para avaliar seis episódios nos quais o Federal Reserve usou a política monetária para baixar a inflação, o que o obrigou a provocar recessões. Ele faz uma defesa enfática da importância da política monetária para explicar os ciclos econômicos e se insurge contra o uso de modelos econométricos do tipo dos que são utilizados pela "teoria dos ciclos reais", que atribuem os ciclos econômicos exclusivamente a choques de produtividade, sem considerar o papel exercido pela política monetária. Edward Prescott (1986) foi o mais ardoroso defensor da teoria, afirmando que: *"Postal economics is more central to understanding the economy than monetary economics"* [Economia postal é mais central para compreender a economia do que a economia monetária]. Contudo, com a introdução da hipótese de rigidez de preços em modelos microfundamentados semelhantes aos utilizados na teoria dos ciclos reais, os neokeynesianos conseguiram explicações mais realistas para os ciclos econômicos, nas quais a moeda desempenha um papel relevante. Nasciam, assim, os modelos DSGE, que passaram a fazer parte da caixa de ferramentas dos bancos centrais. Porém, dadas as suas limitações, tais modelos têm que ser utilizados com a devida cautela. Para demonstrar esse ponto, Paul Romer usa o exemplo do modelo altamente reputado de Smets e Wouters (2007), que tem sete variáveis, mas $7^2 = 49$ parâmetros a serem estimados. Para obter as estimativas, é necessário incluir uma grande quantidade de valores futuros das variáveis (portanto desconhecidos), o que torna os seus valores projetados extremamente sensíveis às alterações dos valores futuros que são impostos como condição. Através de uma manipulação engenhosa de um modelo com essas características, é possível produzir quaisquer resultados desejados. Infelizmente, acobertado por uma ferramenta que supostamente seria "científica", o Banco Central cedeu aos desejos da presidente da República, com um custo sobre a sua credibilidade no compromisso com a meta de inflação. Por algum tempo, os economistas que trabalham no mercado financeiro julgaram que o Banco Central tinha uma metodologia de análise mais poderosa do que a sua própria.

O grito de Romer é uma advertência contra o uso abusivo da econometria com propósitos que podem chegar ao extremo de mistificar os fatos, e essa crítica se aplica ao procedimento do Banco Central, que de forma arbitrária transformou um ciclo de alta em outro de queda da taxa de juros, de um modo que nada tinha de "científico", como pretendera demonstrar ao justificar a sua ação com base em um modelo DSGE. Não demorou para que, após a surpresa inicial, o mercado percebesse que o Banco Central vinha trabalhando com uma meta de inflação superior à oficial. A estimação de metas implícitas nas curvas de reação dos bancos centrais passou a fazer parte da caixa de ferramentas dos analistas de política monetária.[9] Usando essa técnica, Leigh (2008) estimou a meta implícita de inflação do Federal Reserve, e Klein (2012) fez o mesmo com a do Banco de Reserva da África do Sul. A mesma técnica utilizada no caso brasileiro levou à estimativa do gráfico 7. Não foi a única vez que o Banco Central transigiu no seu compromisso para com a meta de inflação, trabalhando com uma meta implícita ou com outros objetivos a não ser o compromisso para com ela. Outro experimento nessa mesma direção, iniciado em 2019, porém logo truncado pela pandemia, ocorreu em 2020, como será visto no capítulo 6.

É claro que, ao trabalhar com uma meta implícita maior que o limite superior do intervalo da meta de inflação, o Banco Central produziu uma enorme desancoragem de expectativas. Na primeira fase de seu experimento — a da derrubada da taxa Selic —, o Banco Central trouxe a taxa real de juros ex ante de um ano — que é a que melhor permite aferir os efeitos da política monetária através do canal da demanda agregada — de um valor acima de 6% ao ano, em 2011, quando iniciou o ciclo de queda, para menos de 2% ao ano, no final de 2012. Com base nas estimativas existentes sobre a taxa neutra no caso

Gráfico 7. Trajetória da meta implícita de inflação

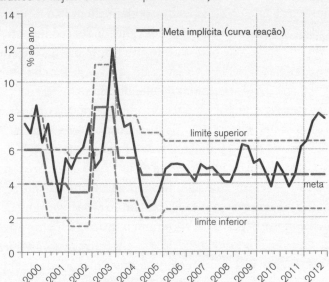

brasileiro, sabe-se que quando o ciclo de queda se iniciou, em 2011, a taxa real de juros ex ante de um ano estava próxima da taxa neutra, e no final do ciclo de queda se situava de modo significativo abaixo dela. A enorme dose de estímulo monetário superaqueceu a demanda, que era o resultado politicamente desejado pelo governo, mas elevou a inflação. Em abril de 2013, o Banco Central foi obrigado a abandonar aquela aventura e dar início a um ciclo de elevação da Selic de 350 pontos, com uma pausa em abril, antes da eleição que deu a Dilma Rousseff o seu segundo mandato. Ao final desse primeiro ciclo, a taxa real de juros ex ante de um ano havia chegado a 5%, o que na época, diante das estimativas da taxa neutra, ainda não chegava a caracterizar uma política monetária restritiva o bastante para recolocar a trajetória da inflação em direção à meta. Na tentativa frustrada de limitar o crescimento da inflação, o

Banco Central exagerou nas intervenções no mercado futuro de câmbio, chegando a vender o equivalente a mais de 100 bilhões de dólares em swaps cambiais, o que induziu o aumento da posição vendida de bancos, que entre 2014 e 2016 escalou para mais de 20 bilhões de dólares, contribuindo para impedir a depreciação cambial. Apesar da magnitude sem precedentes da intervenção, o real ainda se depreciou. Mesmo diante desse esforço, o Banco Central não pôde evitar a retomada do ciclo de aumento da Selic, que ao chegar ao final, já em 2015, havia elevado a taxa real de juros ex ante de um ano acima de 8% ao ano, o que caracteriza uma política monetária fortemente restritiva. A recessão que se iniciou com uma queda relativamente pequena do PIB em 2014 se aprofundou de modo significativo em 2015, persistindo ao longo de 2016. Encerrava-se, assim, a aventura da Nova Matriz Macroeconômica que politicamente custou o impeachment de Dilma Rousseff e quase destruiu o regime do tripé da política macroeconômica.

Responsabilidade fiscal levada a sério

Com o impeachment de Dilma, iniciou-se uma nova fase, na qual o governo retomou o regime de metas de inflação e de flutuação cambial, com uma posição muito mais rígida em relação às condições para a manutenção da responsabilidade fiscal. A primeira grande mudança ocorreu no campo da política fiscal. Embora haja países com dívidas públicas maiores do que a brasileira, a nossa história de desequilíbrios fiscais cobra, na forma de prêmios de risco elevados, um preço muito alto pelas trajetórias de crescimento da relação dívida/PIB. O governo começou a cogitar controlar o crescimento dos gastos, mas tinha plena consciência de que dentro do grupo dos chamados "gastos obrigatórios" — que por força de lei têm que ser plenamente executados — só poderia obter reduções com reformas profundas, que, por contrariarem interesses de grupos de pressão com forte influência política, são difíceis de aprovar. Para iniciar ações nesse campo, a presidência realizou um gesto político, enviando ao Congresso um projeto de emenda constitucional que congelou por dez anos os gastos primários em termos reais, criando o que ficou conhecido como "teto de gastos". Era uma medida drástica, cuja eficácia dependeria de aprovar as reformas necessárias para permitir controlar os gastos primários, entre as quais se destacam uma reforma da previdência que levasse em conta nossa realidade demográfica; e uma reforma administrativa voltada a criar para os funcionários uma escala de retribuições por mérito, e não por tempo de serviço, que fosse acompanhada de procedimentos de avaliação para aumentar a eficiência do Estado.

Embora fosse uma proposta radical, o congelamento dos gastos primários tinha fundamento empírico. Com base em extensa pesquisa cobrindo vinte países da Organização para a Cooperação e o Desenvolvimento Econômico (OCDE), na qual foram documentados cerca de duzentos programas multianuais de austeridade fiscal desde o final de 1970 até 2014, Alesina, Favero e Giavazzi (2019) distinguiram os programas de austeridade praticados com a elevação de impostos dos executados através de cortes de gastos e concluíram que os programas baseados em aumentos de impostos são recessivos no curto e no médio prazos, mas os baseados no corte de gastos têm o efeito oposto: seus custos medidos em termos de perdas do PIB são muito baixos. Uma segunda diferença é a constatação de que os programas baseados no aumento de impostos resultam no crescimento da relação dívida/PIB, enquanto os baseados no corte de gastos resultam em reduções significativas. Como foi publicado apenas em 2019, a equipe econômica do governo não conhecia o estudo, porém, motivada pela intuição, havia escolhido uma rota de ajustamento de menor custo e de maior retorno. Ao longo do livro no qual analisam em detalhe os resultados da pesquisa, Alesina, Favero e Giavazzi expõem as críticas de analistas, muitas das quais negam que uma dívida pública grande demais acarrete em custo para a sociedade, fazendo o país, em vez de crescer mais, colher um crescimento mais baixo caso controlasse o crescimento dos gastos. Nada muito diferente do que ocorre no Brasil. Sempre tive uma reação negativa à busca por um ou outro fato isolado que confirme o diagnóstico, e pelo relato dos três autores sobre o teor dos debates na Europa fica claro que essa característica não se restringe apenas a alguns economistas brasileiros. O Brasil tem diferenças econômicas e políticas significativas em relação aos países da OCDE, mas o conjunto de evidências por eles apresentado é muito convincente e aponta o caminho a ser percorrido. Por algum tempo chegamos a acreditar que o Brasil havia assumido um compromisso mais firme com a responsabilidade fiscal. Infelizmente estávamos errados.

Uma segunda alteração ocorreu com relação ao BNDES, que, por sorte, ainda permanece intocada. Com a extinção da Taxa de Juros de Longo Prazo (TJLP) e a sua substituição pela Taxa de Longo Prazo (TLP), uma taxa real de juros livre de risco atrelada ao comportamento das taxas das Notas do Tesouro Nacional série B (NTN-B), o BNDES deixou de realizar empréstimos a taxas subsidiadas, substituindo-as por taxas de mercado. Com isso, cresceu a dimensão do mercado privado de capitais, que além dos financiamentos de longo prazo às empresas adquiriu um papel importante nos financiamentos a projetos de infraestrutura, na forma de concessões ao setor privado. Nas décadas de 1960, 1970 e parte da década de 1980, acreditava-se que os governos deveriam realizar de forma direta os investimentos públicos, em geral, e em infraestrutura, em particular. A "onda" favorável ao aumento da participação do Estado cresceu ainda mais com a ideia de que este deveria ter um papel preponderante na produção de bens e serviços através de empresas estatais.[10] Essas empresas existiam em grande proporção nos países emergentes e maduros, e era uma tendência à qual a teoria econômica não se opunha. Afinal, a crença naqueles anos era de que as *falhas do mercado* impediam o setor privado de elevar a produtividade. Nos anos 1990, começamos a assistir à reversão desse movimento, com razões de várias naturezas — política, histórica e ideológica —, mas sem dúvida a mais importante foi a tomada de consciência de que, da mesma forma como as *falhas de mercado* poderiam justificar o movimento a favor da *estatização*, a acumulação de evidências de que havia enormes *falhas do governo* empurrava o mundo para um modelo alternativo, em defesa das privatizações.

Caberia aos economistas responderem à pergunta: qual dos dois sistemas é melhor? Será que o governo deveria contratar seus próprios empregados para prover certo serviço ou deveria entregar essa tarefa a um agente privado que, sob sua regulação, seria o responsável por essa atividade? A resposta enunciada por Schleifer (1998) é que, "se o governo sabe exatamente o que deseja que seja feito pelo produtor, pode explicitar seus desejos em um contrato (ou estabelecer uma regulação) que obrigue ao cumprimento de todas as condições explicitadas no citado contrato". No caso dos investimentos em infraestrutura, por exemplo, os incentivos são de dois tipos: os que reduzem os custos; e os que melhoram a qualidade do investimento. Estudos importantes de Hart, Schleifer e

Vishny (1996) e de Hart (2003) consideraram a existência desses dois custos e apontaram que, quando os bens são de propriedade pública, o seu gestor tem incentivos fracos para cumprir essas duas condições, dado que sem ter a propriedade do ativo recebe apenas uma fração dos ganhos, o que contrasta com os ativos privados regulados pelo setor público, no qual os agentes recebem a maior parte dos retornos, e o incentivo consiste em minimizar a soma dos dois custos. A conclusão é que os incentivos mais fracos dos empregados do governo com relação a ambos — a redução de custos e as inovações — são a base para a superioridade da propriedade privada. A vantagem, nesse caso, é organizarmos esses investimentos em torno de agentes privados.

Ao eliminar os subsídios através da TJLP, substituindo-a por uma taxa livre de riscos baseada nas NTN-B, o governo eliminou o monopólio do BNDES na concessão de financiamentos de longo prazo, o que fez emergir o mercado privado de capitais. Se somarmos os efeitos do controle fiscal sobre a taxa neutra de juros, baixando-a, com o crescimento do mercado privado de capitais oferecendo empréstimos a taxas reais de juros mais baixas, estávamos dando um passo importante para melhorar as condições para o crescimento econômico. Caminharíamos para um modelo muito diferente daquele que coloca um peso excessivo no aumento dos gastos públicos como motor do crescimento econômico. Em vez de privilegiar a expansão fiscal, o "novo modelo" buscava, através da disciplina fiscal proporcionada pelo controle dos gastos, a manutenção da taxa real de juros em um patamar baixo, o que levaria ao aumento dos investimentos por parte do setor privado, acelerando o crescimento econômico.

O retorno à política monetária independente

Em 2016, já no final da recessão iniciada em 2014, Ilan Goldfajn assumiu a presidência do Banco Central. Com a taxa de juros de um ano em declínio a partir do final de 2017, precisava optar entre iniciar o ciclo de queda da taxa Selic ou retardá-lo de forma a ancorar com firmeza as expectativas na meta de inflação. Nessa decisão, era preciso levar em conta o desgaste que havia sofrido o Banco Central devido à aventura fundamentada em um modelo DSGE, que tinha erodido a credibilidade da instituição, e optar pela reancoragem das expectativas, para iniciar o ciclo de queda da Selic apenas em setembro de 2016, quando todas as formas possíveis para aferir as expectativas de inflação um ou mais anos à frente já estavam bem ancoradas às metas. Ao todo, a taxa Selic caiu 775 pontos, o que levou a taxa real de juros ex ante de um ano a 3% ao ano no final do ciclo, permitindo a recuperação da atividade econômica.

Foi a primeira vez em nossa história que o final de um ciclo de queda da taxa de juros se encerrou com uma taxa real de juros de um ano tão baixa quanto 3%, o que nos leva a nos perguntar se a queda não teria sido exagerada. Embora a taxa neutra não seja uma variável diretamente observável, não apenas há formas de estimá-la, como há formas indiretas de saber se essa estimativa está correta. Perrelli e Roache (2014) e Goldfajn e Bicalho (2011) abriram caminho para a obtenção de estimativas, e nos dois casos estava claro que a magnitude da taxa neutra depende da política fiscal. Afinal, a taxa neutra de juros é a que iguala a demanda agregada ao PIB potencial, e como a demanda agregada cresce com a expansão fiscal, sabemos que a taxa neutra é tanto mais alta quanto mais expansionista for a política fiscal. Naquele episódio, o Banco Central teve o respaldo da plena vigência do congelamento dos gastos primários, o que caracteriza uma política fiscal austera, que acarreta a queda da taxa neutra de juros. Mas essa não é a única informação. As estimativas de Orphanides e Williams (2004), realizadas com base em uma regra de Taylor, são de que os erros de avaliação da taxa neutra elevam a variabilidade da inflação e do produto, mas as simulações realizadas por Perrelli e Roache mostram que, através de suas reações, os banqueiros centrais aprendem por tentativa e erro, minimizando essas variações. Essa é, também, a conclusão a que chegaram Goldfajn e Bicalho (2011).[11] O ciclo de queda da taxa de juros se encerrou em março de 2018, com a Selic permanecendo em 6,5% ao ano até junho de 2019, quando já em outro governo e com outra diretoria do Banco Central foi iniciado um novo ciclo de queda. Nos catorze meses em que permaneceu naquele nível, as expectativas seguiram ancoradas às metas, o que é uma clara indicação de que a taxa de juros de mercado não diferia de forma significativa da taxa neutra de juros. Só foi possível chegar a esse resultado devido ao apoio da política fiscal. O que a economia necessita, em um processo de desinflação como o que acabei de descrever, é de estímulos para o aumento do PIB potencial, e não apenas estímulos à expansão da demanda. Se não existisse o apoio dado pela regra do teto de gastos, o ciclo de queda da taxa de juros não poderia ter levado a taxa real de um ano ao valor próximo de 3% ao ano, e a recuperação da economia teria sido mais lenta.

A "cooperação" entre as políticas fiscal e monetária requer disciplina, e esse ângulo do problema também foi atacado pelo governo. Refiro-me ao aperfeiçoamento nas relações entre a União e o Banco Central, um primeiro passo para termos um Banco Central independente. Em 2 de maio de 2019, foi aprovada a lei nº 13 820, que dispõe sobre as relações financeiras entre a União e o Banco Central e sobre a carteira própria de títulos para fins de condução da política monetária. Em vez de transferir em caixa ao Tesouro os ganhos patrimoniais vindos de uma depreciação cambial, a totalidade do resultado positivo no balanço do Banco Central proveniente de operações com reservas cambiais e com derivativos cambiais seria destinada à constituição da reserva de resultado. Um eventual resultado negativo deverá ser coberto na seguinte ordem: redução da reserva de resultado; redução do patrimônio líquido da instituição (até o limite de 1,5% do total do ativo); se necessário será realizado o aporte de títulos da União. Com isso, cessam as transferências de ganhos patrimoniais na forma de caixa ao Tesouro, sem prejuízo algum ao Tesouro e com um enorme ganho no que se refere aos objetivos. Com autorização prévia do Conselho Monetário Nacional (CMN), os recursos da reserva de operações cambiais poderão ser destinados ao pagamento da Dívida Pública Mobiliária Federal Interna (DPMFi) quando condições de liquidez severas afetarem de forma significativa o refinanciamento. Esse também é um ganho, que remove o arbítrio do Tesouro de decidir quanto rola (ou não), impondo ao BC a tarefa de regular os resultados com compromissadas, mas reconhece que no devido lócus decisório devem ser tomadas decisões quando ocorrerem dificuldades na rolagem da dívida.

6
A pandemia e os limites das políticas fiscal e monetária

A economia brasileira em 2019

Em janeiro de 2019, sob a presidência de Jair Bolsonaro, teve início um novo governo, com Paulo Guedes à frente do Ministério da Fazenda. Guedes é um liberal fortemente influenciado pelas ideias de Milton Friedman, Gary Becker e George Stigler, dos quais foi aluno, e nunca escondeu sua vontade de implantar no Brasil um regime econômico com livre formação de preços, redução das tarifas de importação, amplo programa de privatização de estatais, além de levar a um mínimo a regulação de empresas e bancos, e ter o sistema previdenciário organizado com base no regime de capitalização com contas individuais. Seria um programa econômico muito próximo ao que os "Chicago Boys" implementaram no Chile a partir de 1973, com a diferença de que, ao ser executado por um governo eleito de forma democrática, estaria livre daquilo que, em sua magnífica narrativa histórica sobre o "Projeto Chile",

Sebastián Edwards (2023) definiu como o "pecado original", que maculou o experimento neoliberal chileno.

Guedes teve a felicidade de assumir o ministério quando o congelamento por dez anos dos gastos primários em termos reais (o teto de gastos) já estava em plena vigência, cuja sobrevida foi reforçada, poucos meses após a sua posse, pela aprovação da reforma da previdência, que, apesar de sua crítica por não ter optado pelo sistema de capitalização com contas individuais, era a mais importante das reformas destinadas a controlar o crescimento dos gastos primários, contribuindo para a geração dos superávits fiscais primários que reduziriam a dívida pública em relação ao PIB. Um de seus primeiros atos no Ministério da Fazenda foi a criação de uma secretaria voltada a privatizações de empresas estatais. Os recursos obtidos dessas operações e os provenientes da venda de prédios públicos seriam usados não apenas para reduzir a dívida pública, mas, nas suas palavras, para "matar a dívida pública", e seriam a solução "definitiva" para o nosso eterno problema fiscal. Independente dos defeitos de seu programa, cujo fundamento era a visão de que, na busca pelo lucro e livre do peso do governo na economia, o setor privado é capaz de resolver todos os problemas econômicos, Guedes tinha grande apoio dos empresários, que não lhe negavam aplausos em suas palestras. Um de seus defeitos era a sua concepção da reforma tributária. Embora tramitassem no Congresso dois projetos de lei complementar que unificavam os impostos sobre bens e serviços nas esferas federal, estadual e municipal, transformando-os em um imposto sobre o valor adicionado com uma alíquota única cobrada no destino, Guedes nunca se empenhou a fundo em batalhar pela sua aprovação.[1] A proposta simplificaria o sistema existente, permitiria a recuperação ágil e plena de créditos tributários, eliminaria o incentivo à guerra fiscal entre estados e favoreceria o aumento da produtividade. Mas o ministro preferia — e defendia — um imposto sobre transações financeiras, que era gerador de uma arrecadação difícil de ser evadida e semelhante ao que FHC havia implantado no país com o objetivo de buscar o aumento de arrecadação, com o qual foi possível cumprir as metas de superávits primários durante o seu segundo mandato.

Além de um novo ministro da Fazenda, tínhamos também uma nova diretoria do Banco Central, cuja presidência foi entregue a Roberto Campos Neto, que após a aprovação da Lei de Independência do Banco Central, em fevereiro de 2021, se tornou o primeiro presidente da instituição a ter um mandato fixo de quatro anos e não coincidente com o do presidente da República. Com isso, a independência no uso do instrumento — a taxa de juros — não dependeria apenas da "boa vontade" do presidente da República. O mandato efetivo de um banco central é fixar a taxa de juros de forma a controlar a inflação, que quando tiver se aproximado da meta levará a taxa real de juros de mercado a um nível perto ao da taxa real neutra de juros, e o PIB atual para perto do PIB potencial. Embora tenham garantida a independência para controlar a taxa de juros, os bancos centrais não têm o poder de fixar a taxa real neutra de juros, que é a taxa livre de riscos que iguala a demanda agregada ao PIB potencial. Como na demanda agregada estão incluídos os gastos públicos, a expansão fiscal eleva a taxa neutra de juros, o que significa que períodos de expansão fiscal são, também, de elevada taxa neutra de juros.[2] Ao assumir o Banco Central sob a vigência do congelamento dos gastos primários em termos reais, e com as expectativas firmemente ancoradas às metas, Campos Neto teve o benefício de operar a política monetária em um período no qual tivemos a taxa neutra mais baixa de nossa história — graças ao congelamento dos gastos primários em termos reais que eliminou toda a flexibilidade que o governo teria para aumentar os gastos primários, o que, com o aumento da arrecadação gerado pelo crescimento do PIB, levaria à queda da relação dívida/PIB.

Apesar de a taxa neutra ser uma variável não observável, é possível, a partir de taxas de juros observadas, obter estimativas usando amostras de dados em períodos nos quais as expectativas de inflação estiveram ancoradas nas metas de inflação. Foi isso que permitiu a Goldfajn e Bicalho (2011) a obtenção da estimativa da queda da taxa neutra de juros entre 2002 e 2012, e é isso que permite obter, seguindo a metodologia proposta por Perrelli e Roache (2014), as estimativas extraídas de séries de dados relativas à inclinação da curva de juros, das respostas dos economistas à pesquisa Focus, de modelos estruturais de pequeno porte utilizados para prever a inflação, e a partir da função de reação do Banco Central. A área sombreada no gráfico 1 delimita o intervalo no qual a taxa neutra está contida, usando todas essas formas de estimá-la, sendo também apresentadas a média dessas estimativas, a taxa real de juros ex ante de um ano e as taxas das NTN-B com vencimento em 2045.[3] Essas estimativas deixam claro que a tendência e as oscilações da taxa neutra decorrem dos movimentos na política fiscal. De fato, a grande queda da taxa neutra, entre 2000 e 2012, ocorreu no período no qual o governo cumpriu as metas para os superávits primários, provocando a queda seguida da estabilização da relação dívida/PIB em torno de 55%; a elevação da taxa neutra entre 2012 e 2016 ocorreu no período no qual Dilma Rousseff resolveu gerar déficits primários, elevando a dívida pública em relação ao PIB; e a nova queda observada entre 2016 e 2020 ocorreu na época da plena vigência da regra do teto de gastos, que com os gastos primários congelados em termos reais e a arrecadação tributária crescendo com o PIB levaria aos superávits primários que reduziriam a relação dívida/PIB. O crescimento

Gráfico 1. Taxas neutras de juros

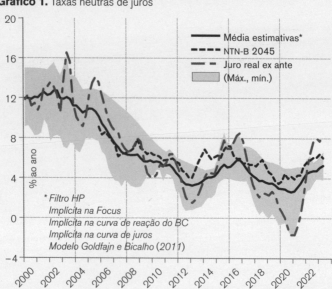

da taxa neutra a partir do ponto de mínimo, no final de 2020, ocorre ao lado do retorno à política fiscal expansionista que se iniciou com a reação do governo à pandemia, em 2020, e que persiste até hoje.

Quando Ilan Goldfajn assumiu o Banco Central, em 2016, iniciou um cuidadoso ciclo de redução da Selic, levando-a em março de 2018 a 6,5% ao ano, com a taxa real de juros ex ante de um ano declinando a 3% ao ano (gráfico 2). Dada a incerteza na estimação do "verdadeiro" valor da taxa neutra de juros, a decisão sobre onde parar um ciclo de *easing* envolve um julgamento quanto ao "balanço de riscos", através do qual é possível saber se o "banqueiro central" que a toma atribui uma importância maior ou menor ao compromisso com a meta de inflação. Em março de 2018, o Banco Central chegou a cogitar prosseguir com os cortes da Selic, mas diante da depreciação

Gráfico 2. Selic e DI de um ano, nominais e reais ex ante

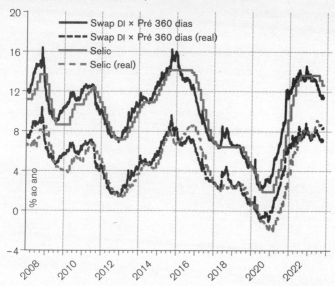

do real preferiu evitar a desancoragem das expectativas,[4] que se manteve durante os dezesseis meses nos quais a Selic permaneceu em 6,5%. Em julho de 2019, no entanto, já sob a presidência de Campos Neto, bem antes de qualquer sinal de que haveria uma pandemia, mas preocupado com a lentidão com a qual o PIB vinha se recuperando da profunda e extensa recessão de 2014-6, o Banco Central iniciou um novo ciclo de redução da Selic. Em dezembro de 2019, ela chegou a 4,5% ao ano, com um corte de duzentos pontos-base ocorrido em quatro reuniões sucessivas do Copom, o que levou a taxa real de juros ex ante de um ano para perto de 1% ao ano, abaixo de qualquer estimativa sobre a taxa neutra de juros. A única interpretação possível para uma ação como essa é que o grau de conservadorismo do Banco Central havia caído, reduzindo o seu compromisso com a meta em favor de acelerar a recuperação da economia.

Quando esse novo ciclo se iniciou, todos os núcleos estimados pelo Banco Central mostravam a inflação abaixo da meta (gráfico 3), e a mesma indicação era dada pelas expectativas coletadas através da pesquisa Focus. Por algum tempo, no entanto, a discrepância entre as expectativas coletadas pela pesquisa e as implícitas nas curvas de juros nominais e reais ainda emitia sinais de cautela, o que retardou a decisão, mas um pouco antes da reunião do Copom de julho de 2019 todas as medidas de inflações esperadas começaram a declinar, o que deu conforto para o reinício de um novo ciclo de cortes. Além desse movimento, havia a expectativa de que, ao prosseguir com a agenda de consolidação fiscal, caminhando para a geração de superávits primários, Guedes poderia dar a sua contribuição para uma nova rodada de redução da taxa neutra de juros. Para isso teria apenas que continuar o que fora iniciado no governo Temer, do qual herdou a emenda constitucional que congelou por dez anos os gastos primários em termos reais, além de se beneficiar com a aprovação, em 2019, da reforma da previdência, que dava suporte à decisão de manter os gastos reais congelados.

O que ainda não sabíamos, no entanto, é que logo enfrentaríamos um choque de intensidade e duração desconhecidas imposto à economia global — ou, na definição de John Kay e Mervin King (2020), um evento caracterizado por uma "incerteza radical". Em dezembro de 2019, as autoridades chinesas anunciaram que, na província de Wuhan, havia sido identificada uma nova espécie de coronavírus; em janeiro de 2020, a Organização Mundial da Saúde (OMS) declarou que havia uma emergência sanitária; e, em março de 2020, decretou que enfrentávamos uma pandemia. Nas economias mais avançadas, aquele choque teria que ser enfrentado com as taxas reais de juros próximas do *zero lower bound*, obrigando-as a contornar

Gráfico 3. Taxas trimestrais anualizadas dos núcleos do IPCA

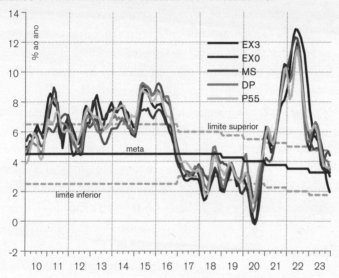

o obstáculo imposto pela baixa eficácia de políticas monetárias contracíclicas em um ambiente de ruptura de cadeias globais de suprimentos, de isolamento sanitário e de incerteza radical.

Políticas fiscal e monetária com taxas de juros baixas

Qual era o nosso conhecimento sobre as taxas de juros nos países economicamente mais avançados nos anos que antecederam o início da pandemia? Em palestra na Casa das Garças, durante o seminário comemorativo dos sessenta anos de Armínio Fraga, em 2017, Stanley Fischer analisou as razões e as consequências da tendência da queda das taxas de juros dos títulos públicos livres de risco em países industrializados, como são os títulos públicos de dez anos de Alemanha, Estados Unidos, Japão e Reino Unido. Em todos esses casos as taxas dos títulos de dez anos saíram de algo em torno de 10% ao ano, em 1990, para próximo de zero no final de 2019, e, embora os títulos do Japão tivessem de início uma queda mais intensa, logo suas taxas foram alcançadas pelas dos demais países. A explicação para essa tendência não está nas reações dos vários países a eventos extremos, como foi a crise financeira global de 2008, mas no comportamento das taxas neutras de juros. Complementando a primeira parte de sua exposição, Fischer apresentou as estimativas das taxas neutras de juros obtidas por Holston, Laubach e Williams (2017) para Estados Unidos, Canadá, Reino Unido e países da zona do euro, mostrando que elas também tinham uma tendência declinante, estando naquele momento próximas de zero. Foi a primeira vez que tive conhecimento de que a queda das taxas neutras na grande maioria dos países economicamente mais avançados não era um fenômeno cíclico ou transitório, mas ligado a causas permanentes, que não apenas reduziam o espaço da política monetária, dado que colocavam a taxa de juros de equilíbrio próxima do *zero lower bound*, como, ao acarretar o aumento da desigualdade ($r < g$), acentuavam uma nova condição à execução da política fiscal para a grande maioria das economias mais desenvolvidas, característica da qual o Brasil está muito distante.

A definição de taxa neutra de juros, r^*, remonta a Wicksell. Ela é a taxa real de juros livre de riscos que iguala as poupanças aos investimentos quando a economia está em pleno emprego, com o PIB atual igual ao potencial. Uma definição equivalente, mas sob outra perspectiva, define a taxa neutra como a taxa livre de riscos que iguala a demanda agregada ao PIB potencial. Como veremos, a primeira permite entender melhor as determinantes da taxa neutra a longo prazo, ou seja, os seus movimentos de baixa frequência, como é o caso da transição demográfica, e a segunda acentua a importância da política fiscal. Ambas as definições terão grande importância quando analisarmos a execução das políticas fiscal e monetária em Estados Unidos, Europa e Brasil em reação à covid-19. Como a magnitude da taxa neutra é uma informação fundamental para que se possa aferir o grau de eficácia das políticas monetária e fiscal, era natural que os economistas se pusessem a campo para obter estimativas para os vários países em diversos momentos do tempo, o que levou à publicação de inúmeros trabalhos, dentre os quais se destaca o de Grigoli, Platzer e Tietz (2023), que, usando a mesma metodologia empregada por Holston, Laubach e Williams, estimaram as taxas neutras para dezesseis economias avançadas, cobrindo um período que se inicia em 1870.[5] As evidências mais importantes, contudo, são as produzidas por Lukasz Rachel e Larry Summers (2019), que estimam a taxa neutra usando o mesmo modelo econométrico, mas não para cada país de forma isolada, e sim para um "país hipotético", que é a soma de todas as nações industrializadas. A razão para isso está em que a taxa neutra de cada um dos países considerados de forma isolada depende da posição em sua conta-corrente, que, por sua vez, depende do câmbio real, enquanto para o agregado dos países industrializados aos déficits em contas-correntes de alguns correspondem os superávits de outros, fazendo com que esse "país hipotético" tenha um equilíbrio nessas contas.

Constatada a queda da taxa neutra, era preciso explicar as razões, e logo ficou claro que tinha uma causa demográfica.[6] Devido a vários motivos, como o aumento do grau de educação e da participação das mulheres na força de trabalho, a taxa de fertilidade veio caindo e, ao mesmo tempo, os progressos nos campos médico e sanitário foram elevando a longevidade da população. Assim, diante da perspectiva de viverem mais, os jovens têm que elevar sua poupança, o que desloca para a direita a curva que liga as poupanças à taxa real de juros dado o PIB de pleno emprego, e reduz a taxa real de juros de equilíbrio — a taxa neutra.[7] Para reforçar o argumento de que o declínio da taxa neutra de juros é um sintoma do excesso de poupanças, Rachel e Summers realizam um exercício contrafactual, no qual é avaliada a dimensão do hiato entre as propensões a poupar e investir em cenários hipotéticos de taxa real de juros constante, com o resultado sugerindo que, caso as taxas reais de juros não tivessem declinado devido à demografia, o excesso de poupanças nas economias avançadas tomadas em conjunto seria enorme, chegando próximo de 10% do PIB. Seguindo um caminho diferente, no qual partem de um modelo de ciclo de vida do consumo cuja calibragem dos parâmetros envolvidos capta as características fundamentais da transição demográfica nas economias em desenvolvimento, Carvalho, Ferrero e Nechio (2016) mostraram que a demografia representa a força mais importante por trás da queda das taxas neutras de juros. Em conclusão, a forte elevação das poupanças decorrente da transição demográfica não é absorvida pelos investimentos, levando a um quadro de "estagnação global", no qual o crescimento baixo ocorre ao lado de taxas reais de juros muito baixas.

O que isso representa para a execução das políticas fiscal e monetária? Países em que a taxa real de juros é inferior à taxa de crescimento econômico não têm problemas de dívida pública. Como vimos pela equação $b_t - b_{t-1} = [(r-g)/(1+g)]b_{t-1} - s_t$, no segundo capítulo, quando $(r < g)$ basta que o governo gere um equilíbrio primário $(s = 0)$ para reduzir a dívida em relação ao PIB. Por isso, os governos dos países nos quais $(r < g)$ têm um espaço fiscal muito mais amplo do que os que têm taxa real de juros superior à taxa de crescimento econômico. O conceito de espaço fiscal é ligado ao de sustentabilidade da dívida. Ambos dependem da política fiscal atual e esperada. Um governo que tenha um compromisso firme com a geração de superávits primários que reduzam a relação dívida/PIB tem um espaço fiscal maior, no sentido de que pode gerar por algum tempo um déficit primário que eleve a dívida, dado que a sociedade "sabe" que uma vez encerrada essa fase se seguirá outra na qual os superávits voltarão a produzir a sua queda. Em adição, a política fiscal em países nos quais $r < g$ pode ser usada para dar mais espaço para a realização de políticas monetárias contracíclicas. Além de não ter o problema de sustentabilidade da dívida pública, ao elevar a taxa de juros neutra, a política fiscal expansionista livra o banco central da armadilha do *zero lower bound*, fazendo com que tenha maior liberdade na execução da política monetária.[8] Um grau de liberdade adicional gerado pela política fiscal expansionista nesses países é ganho devido ao "efeito riqueza" provocado pelo aumento temporário da dívida pública.[9] Como a dívida pública faz parte da riqueza, o seu aumento amplia a demanda agregada. Rachel e Summers reconhecem esse efeito e estimam que o aumento de 18% para 68% da relação dívida/PIB das economias avançadas teria elevado as taxas reais de juros entre 1,5 e dois pontos porcentuais nas últimas quatro décadas.

Já na Europa, em grande parte por não ser uma união fiscal perfeita, o uso da política fiscal foi mais limitado, porém, mesmo assim, contribuiu para elevar a inflação, e, o que é mais importante, através de títulos de dívida do fundo europeu, conseguiu não apenas evitar o risco de crises de dívida, como as ocorridas em 2011-2, mas também manter baixos os spreads dos títulos de dívida soberana dos países fiscalmente mais frágeis em relação aos títulos da Alemanha. Quanto aos demais países, avançados e emergentes, com as devidas diferenças em relação à magnitude das suas taxas neutras de juros e quanto ao sinal de $(r - g)$, também ocorreram fortes estímulos monetários e fiscais, dando a sua contribuição para a força da inflação em escala global.

A reação à pandemia: Estados Unidos e Europa

Uma das primeiras interpretações dos efeitos da pandemia foi classificá-los como um gigantesco "choque de oferta", que a exemplo do que ocorre em uma guerra rompeu as cadeias globais de suprimento e reduziu as horas trabalhadas de parte relevante da população ativa, deixando temporariamente ociosa uma parte do estoque de capital. Não há dúvidas de que tal choque ocorreu, mas ao lado dele tivemos também fortes movimentos na demanda agregada. Os primeiros estímulos fiscais, parte importante dos quais foram transferências maciças de renda à população, tinham por objetivo preservar a renda e manter o consumo, mas devido às formas de se defender do contágio, como o afastamento social, em vez de provocar a rápida ampliação dos gastos de consumo, elas ocorreram ao lado da significativa acumulação de um "excesso de poupanças". Um estudo conduzido pelo Federal Reserve (2023) estimou para países avançados o excesso de poupanças, revelando magnitudes elevadas, que no seu ponto máximo variaram entre 3% e 8% do PIB (gráfico 4).[10]

O mais provável é que a acumulação de um excesso de poupanças, que ocorreu em todos os países analisados pelo Federal Reserve, tenha também ocorrido nos demais, inclusive o Brasil, mas não temos dados confiáveis para cravar o comportamento. Ao se transformar em excesso de poupanças, as trans-

Gráfico 4. Estoque do excesso de poupanças

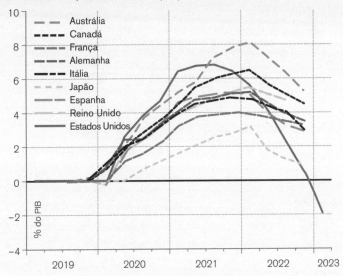

ferências de renda deixaram temporariamente de ampliar o consumo presente, o que por algum tempo limitou o aumento da demanda agregada e reduziu o efeito inflacionário das políticas monetária e fiscal expansionistas. Da mesma forma, sua utilização, mais tarde, seria um fator adicional na ampliação da demanda agregada e no aumento da inflação.

Nos Estados Unidos, além de o Federal Reserve ter rapidamente colocado a taxa dos *fed funds* no seu *effective lower bound*, passou a aumentar o seu ativo comprando *treasuries*, o que elevou seus preços, reduziu seus *yields* e colocou toda a estrutura a termo de taxas de juros muito próxima de zero. Insisto que esse tipo de operação difere de forma fundamental de uma monetização da dívida. Assim como nos sucessivos *quantitative easings* que se seguiram à crise financeira global de 2008, as aquisições de títulos públicos pelo Federal Reserve eram pagas com recursos das reservas bancárias sobre as quais ele paga juros aos bancos. Logo após saltar, em pouco mais de dois meses, de perto de 4 trilhões de dólares para 7 trilhões de dólares, o ativo do Federal Reserve continuou a crescer até o início de 2022, quando se aproximou de 9 trilhões de dólares, concentrando-se na compra de *treasuries* e mantendo praticamente estável o estoque de MBS (gráfico 5). O objetivo das compras de títulos públicos era a redução das taxas de juros ao longo de toda a curva de juros, e não apenas das taxas dos *fed funds*, aumentando o estímulo à expansão da demanda agregada, o que de fato ocorreu. Além do estímulo monetário provocado pela taxa dos *fed funds* em torno de zero, as compras maciças de títulos pagos com reservas bancárias provocaram a queda das taxas de juros em todos os vértices da curva de juros.

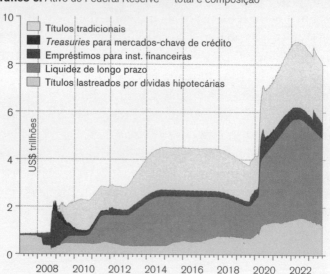

Gráfico 5. Ativo do Federal Reserve — total e composição

A reação dos Estados Unidos foi também forte no campo da política fiscal. Logo de início ocorreram dois programas de estímulo fiscal. O Coronavirus Aid, Relief, and Economic Security Act (Cares Act), aprovado em março de 2020, recebeu 2,2 trilhões de dólares e o plano de receber 900 bilhões de dólares adicionais em dezembro, o que, somado, representava 14,7% do PIB. Em março de 2021, Biden assinou o American Rescue Plan, cujo valor de 1,9 trilhão de dólares equivalia a 8,1% do PIB. O resultado foi um déficit primário de 13,2% do PIB em 2020 e 10,7% em 2021, seguidos de 3,6% em 2022. Com isso, a dívida do governo federal passou de 107% em 2019 para 128% em 2020, terminando 2022 em 120% do PIB. Com tal expansão fiscal, a demanda agregada teria que crescer, não apenas pelo efeito multiplicador da renda vinda do fluxo de gastos, como também pelo "efeito riqueza", que expandia o consumo devido ao aumento do estoque da dívida pública.

A persistência de uma taxa real de juros inferior à taxa de crescimento do PIB levou Blanchard (2022) a defender uma política fiscal expansionista nos Estados Unidos como forma de contornar a perda de eficácia da política monetária devido à taxa neutra colada ao *zero lower bound*. Como o Federal Reserve fixa a taxa nominal de juros, e o valor mais baixo possível para a taxa real de juros é o negativo da taxa de inflação esperada, havia muito pouco que a política monetária pudesse fazer para evitar uma contração da atividade econômica quando a taxa neutra chegou ao *zero lower bound*. No entanto, como nos Estados Unidos a desigualdade ($r - g < 0$) estava instalada havia muito tempo, o que livrava o país do risco de não sustentabilidade do crescimento da relação dívida/PIB, o governo estaria livre para utilizar uma política fiscal expansionista. Não apenas a expansão fiscal elevaria de forma direta a demanda agregada através do "efeito multiplicador" dos gastos públicos e do "efeito riqueza" decorrente do crescimento da dívida, como a elevação da taxa neutra de juros permitiria o uso de uma política monetária contracíclica. No entanto, decorridos apenas três anos do início da pandemia, começaram a aparecer sinais de que caminhávamos para outra realidade, com a curva de juros na segunda metade de 2023 começando a mostrar o crescimento do *term premium*, que poderia estar associado às vendas das *treasuries* compradas pelo Federal Reserve entre 2020 e 2022, mas que poderia, também, ser consequência do aumento da taxa neutra de juros, sendo esse segundo efeito o mais provável.[11] Até que ponto esse movimento já levou a uma situação na qual r já é igual a g, ou na qual já chegamos a $r < g$? Por diversas vezes fizemos referência às duas definições equivalentes da taxa neutra de juros, e para explicar seus movimentos de baixa frequência, associados à demografia, usamos a que a relaciona à igualdade entre a oferta de poupanças e à demanda de investimentos, mas chamamos a atenção para a sua segunda definição, que é a taxa que iguala a demanda agregada ao PIB potencial e revela sua dependência no que se refere à política fiscal. O que acabei de descrever é que o uso intensivo da expansão fiscal teve efeitos de primeira ordem de magnitude sobre a taxa neutra de juros, aumentando-a e prevalecendo sobre as forças vindas da demografia. Essas são as razões pelas quais é recomendada a devida cautela no uso da política fiscal, mesmo em um país no qual por décadas a fio tivemos ($r < g$).

Na zona do euro, o movimento foi semelhante ao ocorrido nos Estados Unidos. Além de a *policy rate* ser logo colocada no seu *effective lower bound*, o BCE aumentou o seu ativo, saindo de perto de 4,5 trilhões de euros para quase 9 trilhões de euros antes de começar a declinar, a partir do final de 2022 (gráfico 6). A exemplo do ocorrido na reação ao evento de 2008,

Gráfico 6. Ativo do BCE

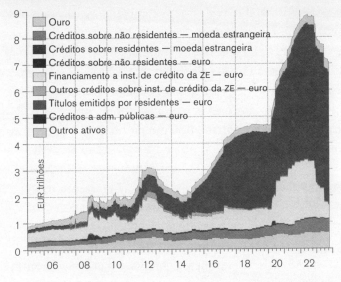

a maior contribuição para essa expansão veio da compra de *securities* da zona do euro, e, assim como no caso do Federal Reserve, essa ação difere de uma monetização da dívida. Outra vez estamos diante de um estímulo monetário bem maior do que o ocorrido na resposta à crise financeira global de 2008 e que contribuiu para a redução de toda a estrutura a termo de taxas de juros.

No caso da Europa, com exceção dos anos 2022-3, também houve uma expansão fiscal. No *Economic Bulletin* de agosto de 2021, a equipe do BCE estimou que em 2020 e 2021 o aumento dos gastos discricionários na zona do euro chegou a 4% do PIB. Destacaram-se, em especial, transferências de renda, créditos a firmas, isenções de impostos e despesas adicionais com saúde. No *Fiscal Monitor* de outubro de 2022, o FMI ressaltou a importância dos esquemas de impostos e transferências de renda às famílias na União Europeia. Cerca de 75% das perdas familiares foram absorvidas por estabilizadores automáticos e medidas desenhadas para atenuar os efeitos da pandemia.

Embora a Europa não seja uma união fiscal perfeita, o que limita sua capacidade de realizar uma política fiscal voltada ao agregado dos países-membros, ela lançou mão desse instrumento. Além dos gastos com assistência social, a União Europeia também implementou um pacote de investimentos, o NextGenerationEU. Com início em 2021, a expectativa era investir 750 bilhões de euros até 2026. Em 2020, a União Europeia havia experimentado o seu primeiro programa de custo elevado, o Sure, cujo objetivo era fornecer créditos às empresas do bloco em troca da manutenção dos empregos. O valor de 100 bilhões de euros foi totalmente financiado pelos *sure social bonds*. Foi também o primeiro passo para o NGEU, que devido ao tamanho exigiu um montante de recursos que estava indisponível no orçamento da União Europeia. Para ele foram criados os *EUBonds* (com maturidade de dois a dez anos) e os *EUBills* (de três meses a um ano). Com isso, a posição da União Europeia no mercado de títulos públicos europeus mudou. Em 2022, suas emissões chegaram a 167 bilhões de euros. A pandemia obrigou a União Europeia a testar o que seria uma política fiscal conjunta dos seus membros. Contudo, é notável a diferença que essa ação teve no campo fiscal em comparação ao ocorrido durante a crise financeira global. Dessa vez, os spreads dos títulos dos países mais vulneráveis continuaram a flutuar em valores extremamente baixos (gráfico 7).

Ao dar os primeiros passos na direção de uma verdadeira união fiscal, a União Europeia ofereceu um suporte maior aos países cuja dívida era mais elevada, como a Itália. Na época da crise da dívida, em 2011, o suporte foi dado pelo BCE de Mario

Gráfico 7. Spreads dos títulos da dívida em relação ao da Alemanha

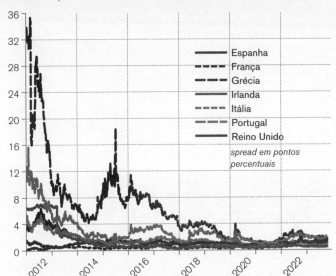

Draghi, que na visão dos investidores tinha uma reputação superior à de cada país individualmente. Nesse episódio, não foi necessária a participação do BCE. O caminho rumo à união fiscal elevou o grau de sustentabilidade das dívidas públicas.

O resultado dessa enorme soma de estímulos fiscais e monetários nos Estados Unidos e na Europa foi a geração de uma inflação, que devido ao rompimento das cadeias globais de valores se iniciou como um choque de oferta e se transformou em uma inflação de demanda alta e persistente, o que foi agravado pelas novas restrições de oferta decorrentes da guerra da Ucrânia. Nos Estados Unidos, a inflação se iniciou no mercado de bens e se propagou pelo mercado de trabalho,[12] no qual por um extenso período havia 1,6 vaga aberta por desempregado e, da mesma forma, cresceu bem acima da meta de 2% ao ano na zona do euro e no Reino Unido (gráfico 8).

Gráfico 8. Índices de preços ao consumidor

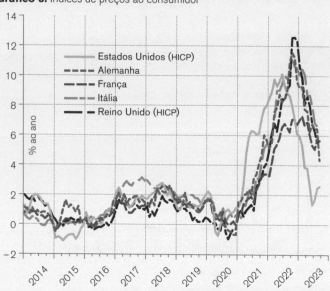

O mundo, que vinha tentando entender os efeitos da "estagnação global", na qual o crescimento fraco com juros baixos havia eliminado as preocupações com a inflação, teve que enfrentar uma reação por parte dos bancos centrais para trazer a inflação de volta à meta de 2% ao ano, mas dessa vez com taxas neutras de juros mais elevadas do que nos anos que cobrem o período de Greenspan e Bernanke à frente do Federal Reserve. Diante dessa mudança, não deveria ser surpresa a desinflação nos Estados Unidos e na Europa ter apresentado desafios que não lembram a experiência de seus bancos centrais nos últimos anos. Em grande parte, o problema vem da forte expansão da demanda agregada gerada pelo "efeito multiplicador" dos gastos públicos, e em parte se deve ao aumento da demanda agregada vindo do "efeito riqueza" associado a um estoque da dívida maior medido em relação ao PIB. No entanto, uma parte importante vem de uma taxa neutra de juros mais elevada, o que coloca um piso mais alto a partir do qual a política monetária se torna restritiva.

A reação brasileira à pandemia

No campo da política monetária, além de ações visando manter a funcionalidade dos mercados, como foram a prorrogação automática de empréstimos e a criação de linhas de financiamento, o Banco Central deu prosseguimento de forma ininterrupta ao ciclo de redução da taxa Selic iniciado em julho de 2019, levando-a a 2% ao ano em maio de 2020. Em 2019, o comportamento do real não divergiu do ocorrido nas demais moedas, mas no ano seguinte o quadro mudou. A queda da taxa de juros em intensidade maior do que aconteceu nos Estados Unidos e na grande maioria dos países levou a uma saída de capitais, a um déficit no balanço de pagamentos e a uma depreciação do real bem acima da ocorrida na maior parte do mundo. O conjunto das informações contidas no gráfico 9 permite entender o que houve.

Há dois períodos distintos: à esquerda da barra vertical, 2020-1; e à direita, 2022-3. As duas séries em destaque são o índice de cotações do real e o dollar index, ambos com a base de comparação no primeiro dia útil de janeiro de 2020. Além deles, há também os relativos às moedas de doze países emergentes (peso chileno, peso colombiano, rand sul-africano, sol peruano, florim húngaro, kuna croata, litas lituano, peso mexicano, rupia indiana, rupia da Indonésia, won sul-coreano e zloty polonês), todos com a mesma base de comparação e representados por linhas mais tênues. Ao contrário do que ocorreu com o real, que se depreciou nos primeiros meses de 2020 e permaneceu assim

Gráfico 9. Depreciações cambiais a partir do primeiro dia útil de 2020

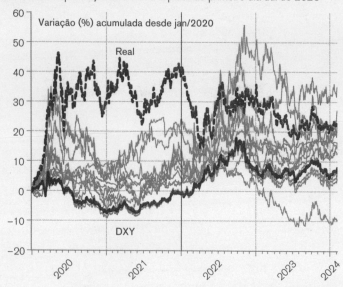

até o final de 2021, as demais moedas voltaram a se valorizar após uma depreciação inicial, seguindo de perto a trajetória de enfraquecimento do dólar, medida pelo dollar index. Por que o real teve uma trajetória tão diferente da das demais moedas? Desde o início de 2017, já vínhamos observando fluxos financeiros negativos da ordem de 40 bilhões de dólares por ano, com o total dos fluxos cambiais oscilando entre valores positivos e negativos (gráfico 10). No entanto, da segunda metade de 2019 em diante, e de forma bem mais clara em 2020, há um crescimento dos fluxos totais negativos, com o acumulado de doze meses chegando perto de 60 bilhões de dólares.

A causa de tais movimentos não está em algum deslize nas intervenções do Banco Central no mercado de câmbio, mas na queda exagerada da taxa de juros. Ela provocou uma sequência de fluxos cambiais negativos, que, caso o Banco Central não

Gráfico 10. Fluxos cambiais: comercial e financeiro

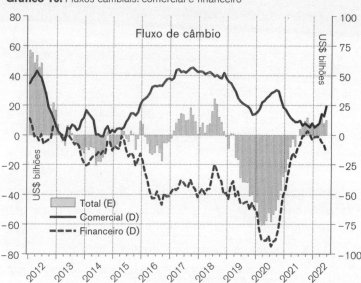

tivesse vendido dólares no mercado à vista, teria levado a uma depreciação cambial ainda maior. Como foi visto no capítulo 3, depois de anos se ausentando das ações no mercado à vista de câmbio, a partir de 2019 o Banco Central voltou a atuar vendendo, mas apenas as vendas de 2020 tiveram consequências para o comportamento do real. No capítulo 3, foi demonstrado que as vendas no mercado à vista em 2019 ocorreram junto com a venda de igual magnitude de swaps reversos, o que, dada a perfeita equivalência entre as intervenções nos mercados à vista e futuro, tem um efeito nulo sobre a taxa cambial. Além dessa atuação, o Banco Central conseguiu eliminar a prática do *overhedge*, que favorecia os bancos,[13] e reagiu de forma correta quando grandes empresas, a Petrobras em especial, mas também a Vale, reduziram de modo significativo a sua alavancagem, alterando de maneira substancial a demanda por hedge cambial.[14] No entanto, em 2020, mesmo com as vendas no mercado à vista, o real se depreciou mais do que a grande maioria das moedas, provocando um aumento maior da inflação dos preços dos bens *tradables* em relação aos *non-tradables*.

Apesar do efeito amortecedor provocado pelo excesso de poupanças, os estímulos monetários e a expansão fiscal elevariam com força a inflação. No campo da política fiscal, a primeira medida veio com o "orçamento de guerra", que autorizou gastos que o Instituto Fiscal Independente estimou em 576 bilhões de reais em 2020.[15] Tecnicamente, o orçamento de guerra teve que obedecer aos limites impostos pela emenda constitucional que congelou os gastos primários em termos reais por dez anos e pela "regra de ouro".[16] Tomada logo em seguida, a segunda medida foi a emenda constitucional que ampliou o auxílio emergencial por mais quatro meses. Com isso, em 2020, o déficit primário foi a 10% do PIB (gráfico 11) e a dívida pública chegou a 87%.

Depois de um déficit de 10% do PIB em 2020, ocorreram superávits em 2021 e 2022, mas isso não se deve ao controle dos gastos, e sim ao aumento das receitas. A guerra entre a Rússia e a Ucrânia, junto com a depreciação do real, elevou os preços do petróleo em termos reais. Grande parte dos superávits primários de 2021 e 2022 decorreu de superávits dos estados, que coletam o ICMS sobre o refino de petróleo e se beneficiaram do salto nos preços do petróleo em termos reais. Em resumo, os gastos continuaram a crescer, e para ter uma dimensão do que isso representou do ponto de vista dos estímulos à demanda de consumo temos que comparar o que foi transferido em 2020 às populações de renda mais baixa em comparação aos anos anteriores ao início da pandemia. Nos quatro anos antes de 2020, e avaliado de acordo com os preços de 2023, o Bolsa Família transferiu a famílias em média

Gráfico 11. Resultado primário em proporção ao PIB

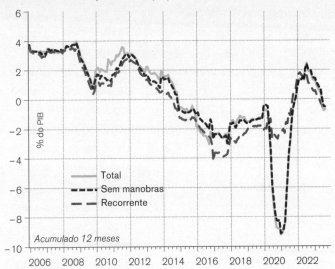

45 bilhões de reais por ano, e em 2020 a soma do Bolsa Família e do Auxílio Emergencial transferiu 450 bilhões de reais, ou seja, dez vezes mais. Em 2021, as transferências caíram para 100 bilhões reais, e com a PEC da Transição, que será analisada em seguida, as transferências subiram para mais de 175 bilhões de reais em 2023. Ao longo de 2021, a pandemia ainda deixava as famílias de renda mais baixa expostas ao colapso da remuneração, o que exigiu a manutenção do auxílio emergencial, e a PEC dos Precatórios criou espaço para pagar o Auxílio Brasil, mudando o cálculo do teto de gastos e estabelecendo um novo regime para o pagamento dos precatórios.[17]

O desconhecimento sobre a intensidade dos efeitos da pandemia inibe uma crítica mais direta ao excesso de estímulos fiscais e monetários em 2020 e 2021. Porém, algo diferente ocorreu em 2022. Logo no início da pandemia, o governo iniciou uma campanha, liderada pessoalmente por Bolsonaro, em que tentava dissuadir a população de se vacinar e praticar o afastamento social. Em parte devido à polarização gerada por essa atitude, e para fugir ao risco de queda da popularidade que poderia interferir na sua reeleição, novas medidas fiscais elevaram ainda mais os gastos, contribuindo para o desmonte do agora frágil regime fiscal.

Assistíamos, assim, à debacle de um governo que começou com o desejo de instalar no país um modelo de crescimento neoliberal, com Estado mínimo, buscando eficiência, e que degenerou ao usar recursos públicos para beneficiar eleitores, com o abandono da responsabilidade fiscal, além de uma atitude nitidamente populista e fortes traços autocráticos. Um exemplo foi a emenda constitucional que limitou o pagamento dos precatórios e permitiu descontos e reajustes pela Selic. O objetivo, à custa de "esconder" uma dívida do governo, era criar espaço para pagar o Auxílio Brasil, mudando o cálculo do teto de gastos. Com isso, os gastos aumentaram, chegando a 106,1 bilhões de reais, sendo 62,3 bilhões de reais obtidos com a mudança no cálculo do teto e 43,8 bilhões de reais com a postergação do pagamento dos precatórios, o que refletiu em anos posteriores. Com isso, o Auxílio Brasil passou de quatrocentos reais para seiscentos reais, com a inclusão de 1,6 milhão de novas famílias no programa, além de serem adicionados transferências a caminhoneiros, transporte gratuito a idosos, benefícios a taxistas, entre muitos outros.

A âncora monetária e o desafio fiscal

Operar a política fiscal com $r < g$ é muito diferente de operá-la com $r > g$. Devido à ausência do risco de sustentabilidade da dívida pública, países nos quais $r < g$ têm um "espaço fiscal" maior apresentam maior flexibilidade para aumentar os gastos. Porém, mesmo os países que de início têm uma taxa real de juros inferior à de crescimento econômico podem, dependendo de quão expansionista é a sua política fiscal, inverter a desigualdade. Além do crescimento da taxa neutra, que interfere na execução da política monetária, a expansão dos gastos gera um prêmio de risco nas taxas pagas pelos títulos da dívida pública ao elevá-la. Os enormes estímulos fiscais dos Estados Unidos a partir da pandemia já estão produzindo esses efeitos.[18]

Embora no Brasil nunca tenhamos chegado perto de uma situação na qual r é menor do que g, mudamos a composição de nossa dívida pública, eliminando os títulos com correção atrelada ao dólar e tornando-a insensível ao câmbio real, o que alterou a dinâmica da dívida pública. A crise ocorrida em 2002, com todas as características de uma parada brusca, se deve à dinâmica da dívida dependente do câmbio real. Com a acumulação de reservas e a substituição de todos os títulos atrelados ao dólar por emitidos em reais, nos livramos do risco de uma parada brusca no influxo de capitais acompanhada da depreciação cambial, que elevava os riscos, mas ainda assim o afrouxamento no compromisso com os superávits primários resultou na elevação dos prêmios de risco, com esses movimentos aparecendo nos deslocamentos da curva de juros reais. Em janeiro de 2020, quando o Brasil ainda vinha cumprindo a regra do teto de gastos, a curva de juros reais mostrava taxas de juros entre 1% e 3% ao ano em operações de um e dez anos, respectivamente, e após todos os choques sofridos com a pandemia e com regras fiscais atuais, as curvas se situam próximas de 6% ao ano.

Com a independência do Banco Central, a política monetária se tornou menos sujeita a pressões políticas. Porém, embora

Gráfico 12. Curvas de juros reais

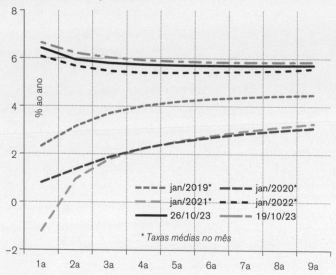

a sua diretoria tenha plena liberdade para mover para baixo ou para cima a taxa de juros, não tem poder nenhum de determinar a taxa neutra de juros, que cresce com uma política fiscal expansionista. Mas essa não é a única limitação enfrentada pelo Banco Central em um ciclo de queda da taxa básica de juros. Embora não haja uma ligação direta entre a taxa neutra nos Estados Unidos e no Brasil, através dos fluxos de capitais e do diferencial de taxas de juros uma taxa neutra mais alta naquele país leva, no nosso, a uma taxa mais alta ao final de um ciclo de queda. Quando, em 2020, a taxa de juros no Brasil caiu mais do que as taxas nos Estados Unidos e na grande maioria dos países, o real teve uma depreciação maior, com reflexo altista na taxa de inflação. De forma análoga, na determinação da taxa terminal de juros ao final do atual ciclo de *easing* iniciado em maio de 2023, para evitar uma depreciação cambial que eleve a inflação o Banco Central terá que levar em consideração o aumento da taxa neutra de juros nos Estados Unidos.

Independente de os sucessivos governos buscarem um modelo neoliberal, como o que foi defendido na retórica de Paulo Guedes, ou um modelo social-democrata em relação à eficiência na alocação de recursos, como nos dois mandatos de FHC, o que determina se o país terá uma carga tributária mais baixa (no primeiro caso) ou mais alta (no segundo), é preciso que, exceto em períodos nos quais é necessário lançar mão de uma política fiscal contracíclica, o governo evite políticas fiscais permanentemente expansionistas. Um regime fiscal que garanta essa trajetória permitirá desvios temporários quando houver necessidade de uma política fiscal contracíclica, mas é fundamental que, quando houver um período de déficits que elevam a relação dívida/PIB, ocorra em seguida um período de superávits com um valor presente igual ao do período de déficits. Essa é a condição para que a restrição orçamentária intertemporal seja atendida e que a relação dívida/PIB oscile em torno de seu valor sustentável com a menor taxa real neutra de juros.

Em nenhum dos períodos analisados houve referência à necessidade de o governo atender à restrição orçamentária intertemporal. Durante o segundo governo de FHC, quando abandonamos a âncora cambial em favor da âncora monetária organizada no regime de metas de inflação, foram impostas metas de superávits primários atendidas à custa da elevação da carga tributária. Intuía-se que eram necessárias reformas que controlassem os gastos e eliminassem desperdícios e privilégios, mas essa conduta não foi sequer considerada naquele período. A favor de FHC está a construção de todo um conjunto de amarras institucionais, como a Lei de Responsabilidade Fiscal, a privatização de bancos estaduais, a negociação das dívidas dos estados, que foram assumidas pelo governo federal.

Do segundo mandato de Lula até o início do curto governo de Michel Temer, o governo passou a utilizar o aumento de gastos para promover a ampliação da demanda agregada, crendo na ilusão de que essa seria a forma correta de acelerar o crescimento. Foi durante esse período que as inovações institucionais construídas durante o governo FHC foram afrouxadas e as taxas neutras de juros foram se elevando. O contraponto iniciou-se em 2016, quando através de um gesto político — a aprovação da emenda constitucional que congelou por dez anos os gastos primários em termos reais — foram criadas condições para realizar reformas que reduzissem os gastos desnecessários e instituídos rituais de avaliação dos retornos sociais dos vários gastos. Ao optar pelo controle dos gastos, o governo criou condições para a queda da taxa neutra de juros, uma condição necessária fundamental para o crescimento sustentado. Àquela medida se somou a quebra do enorme poder do BNDES na oferta de capitais de longo prazo a taxas de juros subsidiadas. Os juros subsidiados oferecidos pelo BNDES foram substituídos por uma taxa real de juros livre de risco com base nas taxas das NTN-B, com os empréstimos ao setor privado mobilizados através do mercado de capitais privado, que emergiu com força a partir daquele momento.

Nossa história econômica está repleta de exemplos que mostram os resultados obtidos em cada uma das políticas fiscais exemplificadas acima. Não faltam evidências. É preciso, apenas, que os governos tomem decisões buscando resultados socialmente desejáveis, e não apenas a sua perpetuação no poder com medidas populares (ou populistas) que lhes proporcionem votos, sem levar a um crescimento econômico sustentável e inclusivo, com estabilidade de preços.

EPÍLOGO

EM UM ARTIGO FUNDAMENTAL, publicado em 1981, Sargent e Wallace descreveram um jogo não cooperativo entre duas autoridades independentes: uma monetária, cujo mandato efetivo é controlar a inflação; e uma fiscal, que arrecada os impostos e executa as despesas, mas decide gastar mais do que arrecada, gerando déficits públicos e o crescimento não sustentável da dívida pública. Na ausência de restrições impostas ao comportamento da autoridade fiscal, que continua a gastar mais do que arrecada, a autoridade monetária pode resistir por algum tempo às pressões para monetizar os déficits. No entanto, no final terá que ceder, com a inflação gerando a receita do "imposto inflacionário" que financia os déficits públicos. Instala-se, assim, uma inflação que é fruto da "dominância fiscal", na qual a autoridade fiscal impõe à autoridade monetária o comportamento a ser seguido.

Reduzido à sua essência, o sucesso do regime de política econômica implementado a partir da segunda fase do Plano

Real, iniciado em 1999, consistiu em definir os papéis das duas autoridades, estabelecendo com clareza os seus limites. Foi a partir da nossa adesão ao regime do tripé da política macroeconômica que a autoridade monetária se tornou independente no uso do instrumento com o qual controla a inflação, que é a taxa de juros, com a taxa cambial flutuando para equilibrar o balanço de pagamentos. Reconhecendo que a erosão de credibilidade gerada pela nossa longa história de dominância fiscal impunha limites ao tamanho da relação dívida/PIB, decidiu-se fixar metas para os superávits primários.

Poucos foram os períodos nos quais uma das duas (ou as duas) autoridades econômicas se desviou de seus mandatos — o controle da inflação e a manutenção dos superávits primários para que a dívida pública permaneça em níveis sustentáveis. Com início no segundo mandato de Lula, e em maior intensidade durante o mandato de Dilma Rousseff, o governo afrouxou o compromisso com as metas de superávits primários, que ao final se transformaram em déficits. É a isso que se deve a interrupção da tendência de queda das taxas reais de juros, que havia se mantido durante o governo FHC e o primeiro mandato de Lula, e que voltou a crescer, desestimulando os investimentos. Dois foram, também, os períodos nos quais o Banco Central afrouxou o compromisso com as metas de inflação em favor de um pouco mais de crescimento. No primeiro deles, durante o governo de Dilma Rousseff, a desancoragem das expectativas obrigou à adesão a uma política monetária tão restritiva que desembocou na recessão de 2014-6, e no segundo, já em 2020, acentuou-se uma inflação que poderia ter sido evitada com maior conservadorismo por parte do Banco Central. Uma das virtudes desse regime de política econômica é a capacidade de sinalizar os desvios que permitem correções. Esse foi o caso do curto governo de Michel Temer, durante o qual se optou por uma regra fiscal rígida, foram aprovadas reformas, a exemplo da trabalhista e da que eliminou os subsídios dos empréstimos do BNDES, e o Banco Central voltou a cumprir o seu mandato, mantendo as expectativas firmemente ancoradas às metas de inflação. O resultado foi a queda da taxa neutra e dos prêmios de risco associados à dívida pública.

A partir do segundo choque externo de grandes proporções — a pandemia —, o regime do tripé está sendo submetido a novos testes. Com esse novo evento, tornou-se necessário ampliar a rede de proteção social, com reflexos no aumento de gastos, mas ficou também claro que o objetivo de aumentar o espaço fiscal, independente de quais sejam os gastos, tem a preferência do governo. Tal desvio se iniciou durante a campanha eleitoral em 2020 e prosseguiu em 2023. Redes de proteção social mais amplas impõem não apenas o inevitável aumento de impostos, que devem incidir sobre os mais ricos, como também o controle dos gastos, com a avaliação dos retornos sociais obtidos, e o que assistimos é uma tímida tentativa de elevar os impostos dos mais ricos sem nenhuma tentativa de controlar os gastos ou avaliar seus efeitos.

No final desta análise, cabem duas advertências para os responsáveis pelas políticas monetária e fiscal; começo pela política monetária. Em um trabalho publicado pelo Grupo dos 30, em dezembro de 2023, três experientes ex-banqueiros centrais, Jacob Frenkel, Raghuram Rajan e Axel Weber, reafirmaram que, diante dos erros cometidos em suas projeções no período pós-pandemia, os bancos centrais deveriam ser "humildes", mantendo o foco na ancoragem da inflação à meta. Outro ex-banqueiro central, Alan Blinder (1998), nos lembra de que, para cumprir seu mandato, os banqueiros centrais não têm apenas que ser politicamente independentes, com plena liberdade de manejar a taxa de juros, mas devem ser independentes do mercado, sendo que essa última propriedade não é facilmente atingida. Afinal, muitos tiveram alguma experiência no mercado financeiro e interagem com ele continuamente, o que os leva a dar grande peso às suas reações, afetando seu grau de propensão ao risco. É preciso resistir à tentação de agradar os mercados e manter o foco na ancoragem das expectativas de inflação à meta. Na sua última reunião de 2023, os comitês de política monetária do BCE e do Federal Reserve mantiveram as taxas de juros, porém com pronunciamentos opostos de seus presidentes. Enquanto Christine Lagarde reafirmou que o BCE ainda não cogita iniciar uma redução da taxa de juros, Jerome Powell afirmou que está mais preocupado em "evitar o exagero na restrição monetária" do que em colocar a inflação na meta. A reação dos mercados foi instantânea: no Brasil, o dólar, que vinha ensaiando passar a barreira dos cinco reais, caiu para perto de 4,80 reais, e nos Estados Unidos as taxas das *treasuries* desabaram, indicando elevação da probabilidade de cortes logo no início de 2024. Os traders agradeceram Powell, mas será que do ponto de vista do controle da inflação seu pronunciamento mereceria aplausos? Como nos lembram os autores do trabalho do Grupo dos 30, o mandato efetivo de um banco central é manter a inflação na meta, usando não só a taxa de juros, mas suas indicações sobre os próximos passos da política monetária. Na visão de Larry Summers, em entrevista ao *Financial Times*, não foi essa a comunicação de Powell.

Quanto à política fiscal, em 2024 teremos o primeiro ano de vigência do novo arcabouço, que busca um equilíbrio entre o crescimento da dívida pública e o espaço fiscal. Para acelerar o crescimento econômico e obter apoio no Congresso, Lula quer um espaço fiscal maior, definido como a flexibilidade para escolher quanto gastar. Ao fixar o crescimento dos gastos em termos reais, o ministro da Fazenda Fernando Haddad o atendeu em parte, mas reconhece que temos um problema com o tamanho da dívida, estabelecendo metas de resultado primário que deverão ser atendidas com base em novas receitas que, contudo, são insuficientes. Embora a dinâmica da dívida não dependa mais do câmbio real, o que impede que em poucos meses ocorra um salto na dívida como o relatado no capítulo 3, a dívida pública tem um crescimento insustentável. Quer devido ao "efeito riqueza" provocado pelo aumento da dívida pública, quer devido ao efeito multiplicador dos gastos públicos, o aumento da demanda agregada decorrente da política fiscal expansionista eleva a taxa neutra de juros.

Qual será a reação do governo quando o crescimento econômico se reduzir devido à política monetária restritiva? A confiança do governo de que um espaço fiscal maior gere crescimento pode levá-lo a aumentar ainda mais os gastos, com reflexos mais acentuados sobre a taxa neutra de juros e os prêmios de risco. Esse é o teste que revelará se o arcabouço é ou não o que o país precisa. Da mesma forma, será que o governo dará ao Banco Central a liberdade de cumprir seu mandato ou exigirá que siga o caminho de Dilma Rousseff, pressionando por taxas de juros mais baixas? Um novo capítulo de nossa história dará a resposta.

AGRADECIMENTOS

NO INÍCIO DE JANEIRO DE 2023, dias após a volta de nossas férias na fria Nova York, Affonso teve um episódio vascular agudo numa perna, uma trombose, provocada por um fator genético que, descobriu-se, afetava ambas as pernas. Sem dúvida, um grande susto, ainda mais sabendo que havia um risco de ocorrer a mesma coisa na outra perna. Sua recuperação foi ótima — com disciplina exemplar, perdeu peso e fez exercícios diários. E então começou a escrever este livro, com grande entusiasmo e afinco. No início, registrou o que vinha à cabeça, com o compromisso explícito de não usar fórmulas, para tornar o texto mais ameno e acessível aos não economistas. Depois, em busca das referências, foi relendo as obras que tirava das estantes e empilhava sobre a mesa.

Assim que viu a obra bem encaminhada, contou o feito aos queridos Otavio Marques da Costa e Camila Berto, que prometeram publicá-la. Era o que ele queria! Passou um ano feliz, reunindo memórias, análises, detalhes, e conversando com amigos que participaram de governos citados ao longo do livro. Não queria cometer injustiças. Foi assim que, alegre, trocou mensagens com Armínio Fraga, Ilan Goldfajn, Mario Mesquita, Caio Megale, Bruno Serra, e talvez outros que eu possa ter esquecido. Peço desculpas a eles. Já no escritório da A.C. Pastore & Associados, contou com a preciosa ajuda de Fernando Pellegrini, Matheus Ajznberg e Paula Magalhães para fazer e refazer os gráficos.

Em novembro, entregou a primeira versão do livro à editora e passou por uma cirurgia para implantar stents na perna não afetada. Tudo correu bem, e ele ficou feliz com a perspectiva de poder voltar a viajar para a Itália. Fez as revisões do texto em dezembro, entre o Natal e o Ano-Novo. No meio de fevereiro, uma queda exigiu novas cirurgias, e a situação piorou rapidamente. Minutos antes de ele sair da UTI para a penúltima intervenção, recebi um e-mail do Ilan com seu belíssimo prefácio, que li em voz alta para Affonso. Ele ficou comovido e muito satisfeito. Faleceu na noite seguinte, tendo conseguido resumir neste livro as lições mais importantes que aprendeu ao longo da vida como economista que nunca fugiu da boa luta e que deixa um precioso legado para todos nós. *Grazie, amore mio!*

Cristina Pinotti, março de 2024

NOTAS

1. DUAS EXPERIÊNCIAS COM A ÂNCORA CAMBIAL [pp. 21-54]

1. Fischer (1997).
2. O modelo Mundell-Fleming é a generalização para uma economia aberta ao comércio e aos movimentos de capitais a partir da análise desenvolvida por Hicks com as curvas IS LM do modelo keynesiano da Teoria Geral.
3. A longa experiência da economia mundial no regime do padrão-ouro, repleta de ciclos de contração e expansão do PIB em governos impotentes para alterá-los, é uma prova clara desse defeito.
4. O prof. Marcelo Paiva Abreu é economista e historiador, competente e cuidadoso, e foi o orientador e incentivador dos alunos da Pontifícia Universidade Católica do Rio de Janeiro (PUC-Rio), que são os autores da maioria dos artigos referidos nesta seção. Sua contribuição é fundamental para entendermos essa fase de nossa história econômica. Ver Paiva Abreu (1990).
5. Kafka (1956); Vianna (1990).
6. Pinho Neto (1990).
7. Vianna (1990); Pinho Neto (1990).
8. Pinho Neto (1990).
9. Lafer (2002).

10. Ferreira e Veloso (2013).
11. Bergsman e Malan (1971); Bergsman (1973).
12. Cruzeiro real era o nome da moeda "criada" pelo Plano Bresser, que sucedeu o cruzado, nome da moeda criada no primeiro "plano heterodoxo" de estabilização, em 1986.
13. Significa que, apesar de controles exercidos na entrada, os capitais poderiam sair livremente, desde que o câmbio fosse fechado no segmento "flutuante".
14. O Anexo 1 inclui as Sociedades de Investimento; o Anexo 2, os Fundos de Investimento; o Anexo 3, a Carteira de Títulos e Valores Mobiliários para investidores institucionais estrangeiros; e o Anexo 5 contém os SDR.
15. Goldfajn e Cardoso (1997); Edwards (1989).
16. Uma *put*, ou opção de venda, confere ao titular o direito de vender a determinado preço um ativo específico que foi discriminado no ato do contrato.
17. Ao ajudar na queda da inflação, a valorização cambial nessa fase era uma parte importante da estratégia totalmente desejada pelo governo. FHC foi um hábil propagandista do modelo, e para não correr o risco de ser culpado pela valorização cambial, que prejudica os exportadores, louvava as vantagens de ter "o real valendo mais do que o dólar".
18. Tecnicamente, o Brasil não estava em um regime de câmbio rigidamente fixo, mas de câmbio reajustável dentro de um corredor estreito com uma trajetória de correção pré-fixada. Do ponto de vista da eficácia (ou não) da política monetária, ele tem características idênticas às de um regime de câmbio fixo.
19. Pastore (1994) e (2021, capítulo 5).
20. Pastore (2021).
21. A adesão brasileira ao Plano Brady encerrou a "saga" da crise da dívida externa dos anos 1980. Vivi a fase aguda dessa crise na presidência do Banco Central entre setembro de 1983 e março de 1985 e tive que esperar dez anos para que o problema fosse encerrado.
22. A "coragem" em assumir posições alavancadas gerou grandes fortunas, mas também grandes prejuízos.
23. Obstfeld e Rogoff (1995).
24. Ibid.
25. No capítulo 3, veremos em detalhe como é feita essa intervenção.
26. Radelet e Sachs (1998); Flood e Marion (1998); Calvo e Mishkin (2003); Larrain e Velasco (2001); entre outros.
27. Radlet e Sachs (1998).

NOTAS

2. O LONGO CAMINHO RUMO ÀS METAS DE INFLAÇÃO E FLUTUAÇÃO CAMBIAL [pp. 55-83]

1. A transformação de impostos sobre as vendas, com incidência em cascata, em um imposto sobre o valor adicionado foi uma das grandes inovações do Paeg.
2. A teoria do *second best* nos ensina que, na presença de uma distorção que reduz a eficiência alocativa, afastando-a do ótimo de Pareto, a introdução de uma nova distorção, dependendo de como for realizada, pode eliminar os efeitos da primeira. Há mais de trinta anos coloquei essa hipótese à prova, rejeitando-a (Pastore, 2021, cap.3). Testes semelhantes foram realizados por Mendonça de Barros e outros (1975) e por Moldau (1985), com os mesmos resultados.
3. Embora as reformas do Paeg tenham criado um banco central, não tiveram o poder de eliminar privilégios que o Banco do Brasil havia adquirido quando um de seus departamentos, a Sumoc, exercia as funções típicas de um banco central. A consequência foi que, até a adesão brasileira ao regime de metas de inflação, "autoridade monetária" do país era definida agregando o Banco do Brasil e o Banco Central. Define-se a base monetária como as exigibilidades monetárias das autoridades monetárias, e como uma dessas exigibilidades eram os depósitos do público no Banco do Brasil, a base monetária era definida pela soma do papel-moeda em poder do público, das reservas (compulsórias e voluntárias) dos bancos comerciais e dos depósitos do público no Banco do Brasil. Havia, também, efeitos sobre o lado do ativo, do qual, além do déficit do Tesouro, da venda de títulos públicos, constavam os empréstimos do Banco do Brasil ao setor privado. A soma de todos esses itens é o que define o crédito interno líquido, que, junto das reservas internacionais, constitui o ativo das autoridades monetárias.
4. Blinder (2023, capítulo 3).
5. Obstfeld (1993).
6. Johnson (1976); Swoboda (1976).
7. Guidotti e Rodrigues (1991).
8. Keynes (1923, capítulo 2).
9. Friedman (1992).
10. Como esse é um tema controverso, e hoje existem teorias monetárias exóticas, como a Teoria Monetária Moderna (MMT, na sigla em inglês), que buscam o amparo de frases isoladas de economistas de renome para

suportar seus argumentos, recorro ao que Keynes (1973, capítulo 2) escreveu sobre o tema:

> Suponhamos que há em circulação 9 milhões de notas do meio circulante, e que elas tenham em conjunto um valor equivalente a 36 milhões de dólares-ouro. Suponha que o governo imprima mais 3 milhões de notas, de tal forma que a quantidade de notas do meio circulante é agora 12 milhões; então, de acordo com a teoria acima [teoria quantitativa da moeda], os 12 milhões de notas continuam sendo equivalentes a 36 milhões. No primeiro estado dos negócios, portanto, cada nota era igual a quatro dólares, e no segundo estado de negócios cada nota era igual a três. Consequentemente os 9 milhões de notas originalmente retidas pelo público agora valem 27 milhões de dólares ao invés de 36 milhões de dólares, e os 3 milhões de notas novas emitidas pelo governo agora valem 9 milhões de dólares. Assim, pelo processo de imprimir notas adicionais, o governo transferiu do público para si uma quantidade de recursos igual a 9 milhões de dólares, de forma tão eficaz como se tivesse levantado essa soma em tributos. Sobre quem caiu essa taxação? Claramente sobre os detentores originais dos 9 milhões de notas, que agora valem 25% menos do que antes. A inflação foi equivalente a um imposto de 25% sobre todos os detentores de notas em proporção à quantidade retida por cada um.

11. Suponhamos que as instituições financeiras tenham no seu ativo um estoque de títulos emitidos em um valor nominal fixo, cujo valor exceda X vezes o seu capital, e que carreguem essa posição tomando empréstimos para pagar a taxa do overnight. A regulação obriga a instituição a marcar a mercado o valor desse ativo. Uma elevação da taxa de overnight reduz os preços dos títulos, e dependendo do grau de alavancagem o prejuízo incorrido pela instituição pode superar seu capital.
12. Leiderman e Svensson (1995); Bernanke, Laubach, Mishkin e Posen (1999).
13. Jonas e Mishkin (2004).
14. Kindland e Prescott (1977). Em 25 de dezembro de 2021, foi lançado do Centro Espacial de Kourou, na Guiana Francesa, o telescópio James Webb. Os modelos utilizados pelos cientistas previam que no dia 24 de janeiro de 2022 o foguete que transportava o telescópio chegaria a Lagrange 2, um dos cinco pontos de Lagrange com uma posição estacionária em relação à Terra e em órbita do Sol. Precisamente no dia e na hora marcados, o objetivo foi atingido. Na física, a natureza não pensa e não

reage, mas na economia o átomo (pessoas) pensa e reage, o que torna as precisões dos modelos muito mais difíceis.

15. A função de perdas do Banco Central penaliza os desvios da inflação atual (igual à esperada) em relação à meta, e os desvios do PIB atual em relação ao potencial. Ao acelerar a convergência da inflação para a meta, cresce a distância entre o PIB atual e o potencial. Há, assim, um *trade-off*. Para conquistar maior credibilidade, deveria ser acelerada a convergência da inflação para a meta, mas isso acarreta o custo de um distanciamento maior do PIB atual para o potencial. A arte da política monetária consiste em minimizar essa perda sem afetar a credibilidade, que cresce com a velocidade de convergência da inflação para a meta.

16. Eichengreen, Hausmann e Panizza (2003).

3. A CONSOLIDAÇÃO DO REGIME DO "TRIPÉ DA POLÍTICA MACROECONÔMICA" [pp. 84-116]

1. Goldfajn e Baig (1998).
2. Werlang e Goldfajn (1999).
3. A elevação da taxa de juros para 40% ao ano foi deliberadamente exagerada, com o Banco Central anunciando que a taxa Selic tinha um "viés de baixa", o que o autorizava a realizar reduções entre duas reuniões do Copom, e logo iniciou reduções apenas alguns dias distantes entre si, através das quais buscou encontrar o nível adequado para evitar a propagação dos efeitos inflacionários da depreciação sobre as expectativas.
4. Embora ainda seja calculado pela instituição que o criou, o Banco J. P. Morgan, atualmente o Embi é pouco usado. A preferência do mercado financeiro é pelo uso do *Credit Default Swap* (CDS) — que é um derivativo, mas é, também, uma medida do prêmio de risco, o que pode ser facilmente constatado superpondo a série para os CDS de dez anos e o Embi, que são praticamente iguais.
5. A "curva de juros" da qual foram extraídos os dados do gráfico 1 é a curva dos DI, que são taxas nominais. Como no Brasil há títulos indexados à inflação — as NTN-B —, é possível obter, também, a curva de juros reais, e a partir destas duas curvas obter a curva das inflações implícitas, influenciadas pela política monetária e pela credibilidade atribuída ao compromisso do Banco Central com a meta de inflação. Consequentemente, um aumento da inclinação da curva dos DI pode indicar tanto um

prêmio associado ao risco de solvência do governo como uma expectativa mais elevada de inflação.

6. A "função de perdas" não é observável de forma direta, mas suas características determinam o peso dado ao hiato do PIB e aos desvios da inflação em relação à meta na curva de reação do Banco Central, que pode ser estimada de maneira empírica.
7. Como no regime de metas de inflação o instrumento é a taxa de juros, todas as intervenções do Banco Central no mercado à vista ou futuro de câmbio têm, obrigatoriamente, que ser esterilizadas. Ou seja, o efeito sobre a taxa de juros vindo de uma venda de dólares no mercado à vista ou de swaps cambiais tem que ser neutralizado com operações compromissadas com base nos títulos da carteira própria do Banco Central.
8. Usei a taxa Libor porque naquele período ela era a utilizada nas captações. Depois de 45 anos, em 2022, a taxa Libor deixou de ser usada na determinação do custo de empréstimos.
9. Ao contrário do que ocorre no Brasil, onde todas as operações no mercado futuro são realizadas através da B3, no exterior elas acontecem no mercado de balcão.
10. Calvo (1988).
11. Giavazzi e Pagano (1989); Lorenzoni e Werning (2019).
12. Blanchard (2022).
13. Se $x = 0,2$, espera-se um "confisco" de 20% da dívida. Ao estabelecer que $x > 0$, e não $0 \leq x \leq 1$, foi excluído o confisco do valor integral da dívida.
14. Olhem o que ocorreu com a inclinação da curva de juros, no gráfico 1.
15. Pastore e Pinotti (2005).
16. Rogoff (1997) costuma "acusar" o câmbio de ser um "preço esquizofrênico". Ele tem, ao mesmo tempo, características típicas de preço de um ativo financeiro (que é como se comporta o câmbio nominal) e de um preço relativo (entre bens *tradables* e *non-tradables*, que é como se comporta o câmbio real). Como os preços dos bens *non-tradables* têm um grau muito maior de rigidez do que os preços dos *tradables*, há uma elevada correlação positiva entre o câmbio nominal e o câmbio real.
17. Como foi exposto no cap. 1, o Plano Brady tinha securitizado a dívida eterna brasileira e havia uma massa significativa de *Brady Bonds* transacionada no mercado secundário, no exterior. As cotações desses títulos tinham um peso elevado no cômputo do Embi-Brasil.
18. Bernanke, Laubach, Mishkin e Posen (1999).
19. Fraga, Goldfajn e Minella (2003).

20. Nos dois modelos VAR que deram origem às curvas de resposta a impulso, no gráfico 6, as duas variáveis dependentes são as taxas de variação do IPCA e do IPA, e as demais, incluídas nos dois, são: o hiato do PIB; as taxas de variação do índice CRB e a taxa cambial. Foram usadas séries de dados mensais.
21. As evidências apareceram tanto na desancoragem das expectativas de inflação coletadas pela pesquisa Focus em todos os horizontes, como nas inflações implícitas nas curvas de juros nominais e reais.
22. Portugal (2016).
23. Ao subir a taxa de juros da dívida, aumentando a diferença $r - g$, a elevação da Selic pioraria a dinâmica da dívida, elevando o risco de insolvência do setor público, o que acarretaria a venda de títulos públicos e a compra de dólares para remetê-los ao exterior, com a depreciação cambial aumentando a inflação.
24. As reservas são aplicadas em ativos líquidos, pagando a taxa internacional de juros, e como a sua acumulação é realizada com base em intervenções que são sempre esterilizadas, seu custo é o da taxa doméstica de juros, muito superior à internacional. O custo é, também, afetado pelas desvalorizações e/ou valorizações do real.

4. A CRISE FINANCEIRA GLOBAL DE 2008 E A CRISE FISCAL NA EUROPA [pp. 117-44]

1. Bernanke, (2000).
2. Esse é um evento recorrente. A crença na capacidade que o setor privado teria de se autorregular e de que o mercado sempre encontra formas de evitar riscos, em nome de uma maior eficiência na alocação de recursos e de mais produtividade, leva à negligência com a regulação, e "para evitar um mal maior", que seria uma recessão profunda, são usados recursos públicos para "salvar" quem é *too big to fail*. Os lucros são privatizados, e as perdas, socializadas.
3. Nessa época, havia na Espanha em torno de trinta bancos captando poupanças e aplicando os recursos no financiamento para a construção e a aquisição de habitações. Eram as Cajas de Ahorro, cuja quebra levou o país à crise.
4. Obstfeld e Rogoff (2007).
5. Como já foi indicado no capítulo 3 e será visto em detalhes no capítulo 5, nossa acumulação de reservas não ocorreu devido a superávits nas contas-

-correntes, como é o caso da China, mas a grandes ingressos nas contas financeira e de capital. A China é um país com poupanças domésticas elevadas, superiores aos investimentos em capital fixo, ao contrário do Brasil, onde as poupanças domésticas são inferiores aos investimentos, levando a déficits crônicos nas contas-correntes.
6. Numa analogia com o preço das ações, que são o valor presente líquido dos lucros esperados, o preço de um imóvel deve manter uma relação com o valor esperado dos aluguéis. Não há motivos — a não ser diante de uma bolha — para a existência de grandes disparidades entre a velocidade de crescimento dos seus preços e dos aluguéis e dos custos de produção de imóveis.
7. Rajan (2010).
8. O Brasil se beneficiava duplamente: o aumento nos preços das commodities elevava as exportações e favorecia o crescimento econômico; e o aumento da demanda no mercado de *bonds* elevava seus preços e reduzia os *yields*, barateando o custo de financiar os déficits nas contas-correntes.
9. Blinder (2013); Geithner (2014).
10. Ibid.
11. Mian e Sufi (2014).
12. Blinder (2013).
13. Ibid.
14. Geithner (2014).
15. A expressão *moral hazard* vem do campo dos seguros. O seguro pode acentuar o descuido do segurado com os equipamentos de combate a incêndio, aumentando a probabilidade do sinistro.
16. Bernanke (2013).
17. Blinder (2013).
18. Esse caminho já fora desbravado antes pelo Banco Central do Japão, quando, com a taxa básica estacionada no *zero lower bound*, só era possível fazer política monetária alterando a estrutura a termo de taxas de juros.
19. Mundell (1961).
20. Alter e Beyer (2012).
21. Cour-Thimann e Winkler (2013).

5. MUDANÇAS DE RUMO [pp. 145-75]

1. No regime de metas de inflação, em uma situação de equilíbrio há uma tríplice igualdade: o PIB atual é igual ao potencial; a inflação corrente é

NOTAS

igual à expectativa de inflação, e ambas são iguais à meta; a taxa real de juros de mercado é igual à taxa neutra.
2. O dollar index compara o dólar com uma cesta de sete moedas, que são, respectivamente, o euro, o iene, a libra britânica, o dólar canadense, a coroa sueca e o franco suíço.
3. Mendes (2016).
4. A crise financeira global afetou profundamente os países desenvolvidos, em particular os Estados Unidos e a Europa, mas o contágio em economias emergentes foi logo superado. Duas foram as razões para o melhor desempenho dos países emergentes, em geral, e do Brasil, em particular. A primeira foi a inexistência de repercussões no sistema bancário. No caso brasileiro, os bancos estavam capitalizados acima dos limites impostos pelos padrões do Acordo da Basileia. A segunda foi a rápida recuperação dos preços internacionais de commodities, devido ao crescimento da China.
5. A forma mais simples de caracterizar o grau de restrição da política monetária é comparando a taxa real de juros relevante na explicação dos movimentos da demanda agregada (no caso brasileiro, ela é a taxa real de um ano, computada "deflacionando" o DI de um ano pela taxa de inflação esperada doze meses à frente) com a taxa neutra de juros.
6. Blanchard, Dell'Ariccia e Mauro (2010); Grupo dos 30 (2010).
7. Neste livro, não analiso a política fiscal posta em prática a partir da eleição de Lula em 2022. A história desse episódio ainda não está clara, e por isso prefiro esperar. Porém, o formato do arcabouço fiscal aprovado em 2023 confirma a visão de Lula sobre o papel dos gastos públicos. Para ele, o crescimento do PIB não depende dos investimentos e da produtividade, mas apenas do aumento da demanda, que é induzido pelos gastos públicos. É uma crença totalmente incompatível com a responsabilidade fiscal.
8. Portugal (2016).
9. O procedimento consiste, com base em um filtro de Kalman, em extrair da curva de reação do banco central a meta implícita naquele período.
10. Curiosamente, essa, que é uma tese muito querida pela esquerda, é também valorizada pelos militares, que quando estiveram no poder, a partir de 1964, fortaleceram a estatização. O fortalecimento das empresas estatais foi marcante durante o governo Geisel.
11. Explicando melhor, o "banqueiro central" sabe que no regime de metas de inflação, quando o equilíbrio é atingido, ocorre uma tríplice igualdade: o PIB atual é igual ao potencial; as expectativas de inflação estão ancoradas às metas; e a taxa real de juros de mercado é igual à taxa real neutra.

6. A PANDEMIA E OS LIMITES DAS POLÍTICAS FISCAL E MONETÁRIA [pp. 176-206]

1. Essa reforma foi, enfim, aprovada no apagar das luzes de 2023, já em outro governo.
2. Blanchard (2022).
3. Como o intervalo que contém as estimativas é amplo, há muita incerteza sobre o seu "verdadeiro" valor. Por isso, a escolha da estimativa utilizada nas decisões sobre política monetária tem que se apoiar em outras evidências, sendo a mais importante delas a ancoragem das expectativas.
4. A preocupação com a ancoragem das expectativas no ciclo de *easing* iniciado em 2017 ficou clara a partir dos seus primeiros movimentos, que tiveram início em outubro de 2016, ao reduzir apenas 25 pontos-base por reunião do Copom. A aceleração para um *pace* de cinquenta pontos e, em seguida, para 75 pontos-base só ocorreu quando as expectativas caíram, sendo seguidas da queda das taxas de juros de um ano bem abaixo da Selic.
5. Há três períodos. Entre 1880 até o início da Segunda Guerra Mundial, as taxas foram um pouco declinantes. Até 1970, elas crescem. No terceiro, há uma queda contínua. Entre 1970 e o final dos anos 1980, a política monetária expansionista durante o governo Nixon levou ao crescimento da inflação nos Estados Unidos e no mundo, culminando, em 1973, com o fim do regime de Bretton Woods. Ao descontrole monetário daquele período, somou-se o efeito da elevação dos preços do petróleo, com o Federal Reserve de Paul Volker iniciando uma desinflação, durante a qual a taxa de juros teve que ser mantida muito acima da neutra.
6. Modelos de desenvolvimento baseados em Ramsey poderiam sugerir que tal queda seria provocada pela desaceleração do crescimento. Esse resultado vem da equação de Euler obtida na otimização da trajetória de crescimento, na qual uma taxa menor de crescimento econômico está associada a uma maior taxa real de juros. Embora para um indivíduo representativo haja uma relação inversa entre a taxa real de juros e a de crescimento de sua renda, em um modelo com gerações superpostas se verifica que essa relação não vale para a sociedade como um todo. Ver a esse respeito Blanchard (2022).
7. Os resultados de Rachel e Summers mostram que, em relação ao ano-base de 1980, a taxa neutra de juros mundial declinou em torno de trezentos pontos-base. Mostram também que, se não fosse pelo aumento dos déficits governamentais e da dívida pública e por programas de seguridade

social, a queda poderia ter sido de setecentos pontos-base, o que teria levado a taxa neutra a valores substancialmente negativos.
8. Contudo, se esse grau de liberdade não for utilizado com a devida parcimônia, a desigualdade $r - g < 0$ pode se inverter, e o país passa a sofrer a mesma limitação dos que têm $r > g$.
9. A menos que os indivíduos tivessem o comportamento ricardiano suposto por Barro (1974), a dívida pública é parte de sua riqueza, o que faz com que seu aumento eleve a demanda agregada através da ampliação do consumo.
10. A revisão das contas nacionais nos Estados Unidos produziu uma ligeira correção nos dados para os trimestres mais recentes, mostrados no gráfico 4, mas não foi alterada a magnitude do pico atingido em 2021. Ver o *FRBSF Economic Letter*, nov. 2023.
11. Na realização do *quantitative easing*, entre 2020 e 2022, com o objetivo de ter efeitos neutros sobre a estrutura a termo de taxas de juros, o Federal Reserve comprava títulos em todas as *maturities*. Da mesma forma, quando iniciou o *quantitative tightening*, passou a vender títulos em todas as *maturities*. Por isso, é muito pouco provável que o aumento do *term premium* tenha sido afetado pelas vendas por parte do Federal Reserve. O mais provável é que tal aumento tenha sido causado pela elevação da taxa neutra de juros.
12. Bernanke e Blanchard (2023).
13. A variação cambial dos investimentos de bancos brasileiros no exterior não era tributada, o que gerava incentivo para os bancos aumentarem contabilmente o patrimônio líquido no exterior e vendessem em torno de 160% do patrimônio líquido em dólares, na forma de dólar futuro. Para corrigir essa distorção, por iniciativa do Banco Central, o governo enviou ao Congresso uma medida provisória que corrigia o problema. Parte do aumento da demanda de dólares no mercado à vista foi provocada por essa medida.
14. Sob a competente direção de Pedro Parente, a Petrobras reduziu sua dívida de 140 bilhões de dólares, em 2014, para menos de 50 bilhões de dólares em 2021. Dos 140 bilhões de dólares, cerca de 20 bilhões eram dívidas em reais contra bancos públicos, sem impacto cambial. A partir do segundo semestre de 2017, a Petrobras passou a reduzir o seu endividamento no mercado de capitais internacional, com grande impacto no mercado de câmbio.
15. O orçamento de guerra também autorizou o Banco Central a comprar no mercado secundário títulos privados com *rating* mínimo BB. Felizmente, o

Banco Central nunca cogitou comprar títulos no mercado secundário, executando um *quantitative easing*, o que teria gerado efeitos ainda maiores.
16. Existem três tipos de créditos adicionais para aumentar a despesa orçamentária: créditos especial, suplementar e extraordinário. A emenda constitucional que congelou os gastos estabelecia a condição para um crédito extraordinário, mas a regra de ouro estabelecia apenas a condição para créditos especial e suplementar. Era possível aprovar um crédito extraordinário, mas isso estouraria a regra de ouro. O orçamento de guerra visava resolver esses problemas.
17. Quando pagos, precatórios são gastos, mas quando não são pagos são uma dívida e acarretam efeitos sobre os anos seguintes.
18. Blanchard (2023).

REFERÊNCIAS BIBLIOGRÁFICAS

ADAMS, C.; GROS, D. "The Consequences of Real Exchange Rate Rules for Inflation: Some Illustrative Examples". *IMS Staff Papers*, n. 33, set. 1986.

AKERLOF, G. A.; SCHILLER, R. J. *Animal Spirits: How Human Psychology Drives the Economy, and Why it Matters for Global Capitalism*. New Haven: Princeton University Press, 2009.

ALESINA, A.; FAVERO, C.; GIAVAZZI, F. *Austerity: When It Works and When It Doesn't*. New Haven: Princeton University Press, 2019.

ALTER, A.; BEYER, A. The Dynamics of Spillover Effects During the European Sovereign Debt Turmoil. *ECB Working Paper Series*, n. 1558, jun. 2013.

BARRO, R. "Are Government Bonds Net Wealth?". *Journal of Political Economy*, v. 82, 1974.

BERGSMAN, J. "Brazil: Industrialization and Trade Policies". *Journal of International Economics*, 1971, v. 1, n. 4, pp. 468-70. Nova York: Oxford University Press, 1971.

_____; MALAN, P. "The Structure of Protection in Brazil". Em BALASSA, B. (org.). *The Structure of Protection in Developing Countries*. Baltimore: Johns Hopkins University Press, 1971.

BERNANKE, B. *Essays on the Great Depression*. New Haven: Princeton University Press, 2000.

BERNANKE, B. "On Milton Friedman's Ninetieth Birthday. Remarks by Governor Bernanke", nov. 2002. Disponível em: <https://www.federalreserve.gov/boarddocs/speeches/2002/20021108/>. Acesso em: 26 fev. 2024.

_____; BLANCHARD, O. "What Caused the US Pandemic-Era Inflation?". Hutchins Center, Brookigns Institution, 2023.

_____; LAUBACH, T.; MISHKIN, F. S.; POSEN, A. S. *Inflation Targeting: Lessons from the International Experience*. New Haven: Princeton University Press, 1999.

BLANCHARD, O. "Fiscal Dominance and Inflation Targeting: Lessons from Brazil". Em GIAVAZZI, F.; GOLFAJN, I.; HERRERA, S. (org.), *Inflation Targeting, Debt, and the Brazilian Experience, 1999 to 2003*. Cambridge, MA: MIT Press, 2005.

_____. *Fiscal Policy under Low Interest Rates*. Cambridge, MA: MIT Press, 2022.

_____. "If Markets Are Right about Long Real Rates, Public Debt Ratios Will Increase for Some Time. We Must Make Sure that They Do Not Explode". *PIIE*, nov. 2023.

_____; DELL'ARICCIA, G.; MAURO, P. "Rethinking Macroeconomic Policy". *Journal of Money, Credit and Banking*, v. 42, edição suplementar s1, pp. 199-215, set. 2010.

_____; FISCHER, S. *Lectures on Macroeconomics*. Cambridge, MA: MIT Press, 1989.

BLINDER, A. S. *Central Banking in Theory and in Practice*. Cambridge, MA: MIT Press, 1998.

_____. *After the Music Stopped: The Financial Crisis, the Response and the Work Ahead* Nova York: Penguin, 2013.

_____. *A Monetary and Fiscal History of the United States, 1961-2021*. New Haven: Princeton University Press, 2022.

BRYAN, M. F.; CECCHETTI, Stephen G. "A Note on the Efficient Estimation of Inflation in Brazil". Banco Central do Brasil, WP 11, 2001.

BUITER, W. H.; RAHBARI, E. "The ECB as Lender of Last Resort for Sovereigns in the Euro Area". *CEPR Discussion Paper*, n. 8974, Center for Economic Policy Research, maio 2012.

CALVO, G. A. "Servicing the Public Debt: The Role of Expectations". *The American Economic Review*, n. 4, set. 1988.

_____; MISHKIN, F. S. "The Mirage of Exchange Rate Regimes for Emerging Market Countries". *NBER Working Papers*, n. 9808, jun. 2003.

_____; REINHART, C. M.; VÉGH, C. "Targeting the Real Exchange Rate: Theory and Evidence". *Journal of Development Economics*, v. 47, 1995.

CARVALHO, C.; FERRERO, A.; NECHIO, F. "Demographics and Real Interest Rates: Inspecting the Mechanism". Federal Reserve Bank of San Francisco, WP 201605, 2016.

COUR-THIMANN, P.; WINKLER, B. "The ECB Non-Standard Monetary Policy Measures: The Role of Institutional Factors and Financial Stricture". *ECB Working Paper*, n. 1528, abr. 2013.

DOOLEY, M. P.; FOLKERTS-LANDAU, D.; GARBER, P. M. "Bretton Woods II Still Defines The International Monetary Syste". *NBER Working Papers*, n. 14 731, 2009.

_____; _____ e _____. "The Revived Bretton Woods System: The Effects of Periphery Intervention and Reserve Management on Interest Rates and Exchange Rate in Center Countries". *NBER Working Papers*, n. 10 332, 2004.

DORNBUSCH, R. "PPP Exchange Rate Rules and Macroeconomic Stability", *Journal of Political Economy*, fev. 1982.

_____; GOLDFAJN, I.; VALDES, R. O. "Currency Crises and Collapses". *Brookings Papers on Economic Activity*, n. 2, 1995.

EDWARDS, S. "Exchange Rate Misalignment in Developing Countries". Baltimore: Johns Hopkins University Press, 1989.

_____. *The Chile Project: The Story of the Chicago Boys and the Downfall of Neoliberalism*. New Haven: Princeton University Press, 2023.

EICHENGREEN, B.; HAUSMANN, R.; PANIZZA, U. "Currency Mismatches, Debt Intolerance and Original Sin: Why They Are Not the Same and Why It Matters". *NBER Working Papers*, n. 10 036, out. 2003.

FERGUSON, N. *The Ascent of Money: A Financial History of the World*. Nova York: Penguin, 2008.

FERREIRA, P. C.; VELOSO, G. "O desenvolvimento econômico brasileiro no pós-guerra". Em VELOSO, F.; FERREIRA, P. C.; GIAMBIAGI, F.; PESSOA, S. (org.). *Desenvolvimento econômico: Uma perspectiva brasileira*. Rio de Janeiro: Elsevier; Campus, 2013.

FISHER, S. "Exchange Rate Versus Muney Targets in Disinflation". Em *Indexing Inflation and Economic Policy*. Boston: MIT Press, 1986.

_____. "Modern Central Banking". Em CAPIE, F.; GOODHART, C.; FISCHER, S.; SCHNADT, N. "The Future of Central Banking". Cambridge: Cambridge University Press, 1997.

_____. Financial Crises and Reform of the International Financial System. *NBER Working Papers*, n. 9297, out. 2002.

FLOOD, R.; MARION, N. P. "Self-Fulfilling Risk Predictions: An Application to Speculative Attacks". *IMS Staff Papers*, n. 124, 1998.

FRAGA, A.; GOLDFAJN, I.; MINELLA, A. "Inflation Targeting in Emerging Market Economies". *NBER Working Papers*, n. 10019, out. 2003.

FRANCO, G. *A moeda e a lei: Uma história monetária brasileira — 1933- -2013*. Rio de Janeiro: Zahar, 2017.

FRENKEL, J.; JOHNSON, H. "The Monetary Approach to the Balance of Payments: Essential Concepts and Historical Origins". Em *The Monetary Approach to the Balance of Payments*. Toronto: University of Toronto Press, 1976.

_____; RAJAN, R., WEBER, A. "The World Needs a Humble Approach to Central Banking". Project Syndicate, 2023.

FRIEDMAN, M. "The Case for Flexible Exchange Rates". Em *Essays in Positive Economics*. Chicago: The University of Chicago Press, 1953.

_____. "The Role of Monetary Policy". *The American Economic Review*, v. 58, n. 1, mar. 1968.

_____. *Money Mischief: Episodes in Monetary History*. Nova York; San Diego; Londres: Harcourt Brace and Co., 1992.

GALBRAITH, J. K. *A Short History of Financial Euphoria*. Nova York: Penguin, 1993.

GARCIA, M.; MEDEIROS, M.; SANTOS, F. "Price Discovery in Brazilian FX Markets". *Brazilian Review of Econometrics*, v. 35, n. 1, maio 2015.

GEITHNER, T. *Stress Test: Reflections on Financial Crises*. Nova York: Crown, 2014.

GIAVAZZI, F.; PAGANO, M. "Confidence Crises and Public Debt Management". *NBER Working Papers*, n. 2926, 1989.

GOLDFAJN, I.; BAIG, T. "Monetary Policy in the Aftermath of Currency Crises: The Case of Asia (October 1998)". Disponível em: <https://ssrn.com/abstract=142275>. Acesso em: 26 fev. 2024.

_____; BICALHO, A. "A longa travessia para a normalidade: Os juros reais no Brasil". Itaú-Unibanco, 2011.

_____; CARDOSO, E. "Capital Flows to Brazil: The Endogeneity of Capital Controls". *IMS Staff Papers*, n. 115, 1997.

GRIGOLI, F., PLATZER, J.; TIETZ, R. "Low for (Very) Long? A Long-Run Perspective on r* across Advanced Countries". *IMF Working Paper*, n. 85, abr. 2023.

GROUP OF 30. "Rethinking Central Banking", set. 2011.

GUIDOTTI, P. E.; RODRIGUES, C. A. "Dollarization in Latin America: Gresham's Law in Reverse". *IMS Staff Papers*, n. 117, 1991.

HART, O. "Incomplete Contracts and Public Ownership: Remarks and an Application to Public-Private Partnerships". *The Economic Journal*, v. 113, mar. 2003.

HART, O.; SCHLEIFER, A.; VISHNY, R. W. "The Proper Scope of Government: Theory and Applications to Prisons". *NBER Working Papers*, set. 1996.

HOLSTON, K.; LAUBACH, T.; WILLIAMS, J. "Measuring the Natural Rate of Interest: International Trends and Determinants". *Journal of International Economics*, 2017.

ISSLER, J. V.; LIMA, L. R. O. "Public Debt Sustainability and Endogenous Seignoriage in Brazil: Time Series Evidence from 1974-92". *Ensaios Econômicos EPGE*, dez. 1998.

JOHNSON, H. G. "Um panorama da crise mundial e do comércio internacional". *Revista Brasileira de Economia*, v. 30, jan.-mar. 1976.

JONAS, J.; MISHKIN, F. S. "Inflation Targeting in Transition Economies: Experience and Prospects". Em *The Inflation-Targeting Debate*. Chicago: The University of Chicago Press, 2004.

KAFKA, A. "The Brazilian Exchange Auction System". *Review of Economics and Statistics*, v. 38, ago. 1956.

KAY, J.; KING, M. "Radical Uncertainty: Decision Making beyond The Numbers". W. W. Norton, 2020.

KEYNES, J. M. *A Tract on Monetary Reform*. Londres: Macmillan, St. Martin Press para a Royal Economic Society, 1971 [1923].

KINDELBERGER, C. P. *Manias, Panics and Crashes: A History of Financial Crises*. Nova York: John Wiley and Sons, 1978.

KLEIN, N. "Estimating the Implicit Inflation Target of the South African Reserve Bank". *IMF Working Paper*, n. 177, 2012.

KRUGMAN, P. R. "A Model of Balance-of-Payments Crises". *Journal of Money, Credit and Banking*, v. 11, ago. 1979.

KYDLAND, F. E.; PRESCOTT, E. C. "Rules Rather than Discretion: The Inconsistency of Optimal Plans". *Journal of Political Economy*, v. 85, n. 3, jun. 1977.

LAFER, C. *JK e o programa de metas: Processo de planejamento e sistema político no Brasil*. São Paulo: FGV, 2002.

LANE, P.; MILESI-FERRETI, G. "The Transfer Problem Revisited: Net Foreign Assets and Real Exchange Rate". *IMF Working Papers*, jul. 2000.

LARRAIN. F. B.; VELASCO, A. "Exchange Rate Policy in Emerging Markets: The Case for Floating". *Group of 30*, abr. 2001.

LEIDERMAN, L.; SVENSSON, L. E. O. "Inflation Targets". Centre for Economic Policy Research, 1995.

LEIGH, D. "Estimating the Federal Reserve's Implicit Inflation Target: A State Space Approach". *Journal of Economic Dynamics and Control*, v. 32, 2008.

LEWIS, A. "Economic Development with Unlimited Supplies of Labor". 1954. Disponível em: < https://la.utexas.edu/users/hcleaver/368/368-lewistable.pdf>. Acesso em: 26 fev. 2024.

LUCAS JR., R. E. "Macroeconomic Priorities". *American Economic Review*, v. 93, n. 1, pp. 1-14, 2003.

MALLABY, S. *More Money than God*. Nova York: Penguin, 2010.

MCKINNON, R. I. "Two Concepts of International Currency Substitution". Em *The Rules of the Game: International Money and Exchange Rate*. Cambridge, MA: MIT Press, 1996.

MENDES, M. "A Lei 11 803/2008 e as relações financeiras entre o Tesouro Nacional e o Banco Central". Em BACHA, E. (org.), *A crise fiscal e monetária brasileira*. Rio de Janeiro: Civilização Brasileira, 2016.

MENDONÇA DE BARROS, J. R.; LOBATO, H. D.; TRÁVOLO, M. A.; ZOCKUN, M. H. "Sistema fiscal e incentivos à exportação". *Revista Brasileira de Economia*, v. 29, out.-dez. 1975.

MESQUITA, M.; TORÓS, M. "Considerações sobre a atuação do Banco Central na Crise de 2008". BCB, trabalho para discussão n. 202.

MIAN, A.; SUFI, A. *House of Debt: How They (and You) Caused the Great Recession, and How We Can Prevent It from Happening Again*. Chicago; Londres: The University of Chicago Press, 2014.

MOLDAU, J. H. "O custo de recursos domésticos como critério para avaliar a eficiência na produção de exportáveis, aplicado ao caso brasileiro no início da década de 1970". *Revista Brasileira de Economia*, v. 30, abr.-jun. 1985.

MUNDELL, R. A. "International Economics". Nova York: Macmillan, 1968.

_____. "The Theory of Optimum Currency Areas". Em *International Economics*. Nova York: Mcmillan, 1968.

OBSTFELD, M. "The Adjustment Mechanism". Em BORDO, M. D.; EICHENGREEN, B. (org.), "A Retrospective on the Bretton Woods System: Lessons for International Monetary Reform". Chicago: The University of Chicago Press, 1993.

_____. "The Logic of Currency Crises". *Cahiers Economiques et Monetaires*, Banque de France, v. 43, 1994.

_____; ROGOFF, K. "The mirage of Fixed Exchange Rates". *NBER Working Papers*, n. 5191, jul. 1995.

_____; _____. "The Unsustainable US Current Account Position Revisited". EM CLARIDA, R. H. (org.). *G7 Current Account Imbalances: Sustainability and Adjustment*. Chicago: University of Chicago Press, 2007.

ORPHANIDES, A.; WILLIAMS, J. C. "The Decline of Activist Stabilization Policy: Natural Rate Misperceptions, Learning and Expectations". *International Finance Discussion Papers*, n. 804, Board of Governors of the Federal Reserve System, abr. 2004.

PAIVA ABREU, M. (org.). *A ordem do progresso: Cem anos de política econômica republicana —1889-1989*. Rio de Janeiro: Elsevier, 1990.

PASTORE, A. C. "Déficit público, a sustentabilidade do crescimento das dívidas interna e externa, senhoriagem e inflação: Uma análise do regime monetário brasileiro". *Revista de Econometria*, n. 14, 1994.

_____. "Senhoriagem e Inflação: O caso brasileiro". Texto para discussão 005, EPGE, FGV, set. 1997.

_____. *Erros do passado, soluções para o futuro: A herança das políticas econômicas brasileiras do século XX*. São Paulo: Portfolio Penguin, 2021.

_____; PINOTTI, C. "Fiscal Policy, Inflation and the Balance of Payments in Brazil". Em GIAVAZZI, F.; GOLFAJN, I.; HERRERA, S. (org.), *Inflation Targeting, Debt, and the Brazilian Experience, 1999 to 2003*. Cambridge, MA: MIT Press, 2005.

PERRELLI, R.; ROACHE, S. K. "Time-Varying Neutral Interest Rate: The Case of Brazil". *IMF Working Paper*, maio, 2014.

PHELPS, E. S. "Money Wage Dynamics and Labor Market Equilibrium". *Journal of Political Economy*, v. 76, 1968.

PINHO NETO, D. M. "O interregno Café Filho". Em PAIVA ABREU, M. (org.). *A ordem do progresso: Cem anos de política econômica republicana —1889-1989*. Rio de Janeiro: Elsevier, 1990.

PORTUGAL, M. "Política fiscal na primeira fase do Plano Real, 1993-1997". Em BACHA, E. (org.), *A crise fiscal e monetária brasileira: Ensaios em honra a Fabio de Oliveira Barbosa*. Rio de Janeiro: Civilização Brasileira, 2016.

PRESCOTT, E. "Theory Ahead of Business Cycle Measurement". *Federal Reserve Bank of Minneapolis Quarterly Review*, v. 10, pp. 9-21, 1986.

RACHEL, L.; SUMMERS, L. "On Secular Stagnation in the Industrialized World". *NBER Working Papers*, n. 26198, 2019.

RADLET, S; SACHS, J. "The East Asian Financial Crisis: Diagnosis, Remedies, Prospects". Harvard Institute for International Development, abr. 1998.

RAJAN, R. G. *Fault Lines: How Hidden Fracturs Still Threaten the World Economy*. New Haven: Princeton University Press, 2010.

REINHART, C.; ROGOFF, K.; SAVASTANO, M. "Debt Intolerance". *Brookings Papers on Economic Activity*, v. 1, pp.1-74, 2003.

ROGOFF, K. "The Optimal Degree of Commitment to an Intermediate Monetary Target". *Quarterly Journal of Economics*, v. 100, nov. 1995.

ROGOFF, K. "Impact of Globalization on Monetary Policy". Em *The New Economic Geography: Effects and Policy Implications*. Federal Reserve Bank of Kansas City, 2007.

ROMER, C.; ROMER, D. "Does Monetary Policy Matter? A New Test in the Spirit of Friedman and Schwartz". *NBER Macroeconomics Annual*, v. 4, pp. 121-84, 1989.

ROMER, P. "The Trouble with Macroeconomics". Commons Memorial Lecture of the Omicron Delta Epsilon Society, 2016.

SARGENT, T. J.; WALLACE, N. "Some Unpleasant Monetarist Arithmetic". Em SARGENT, T. J. (org.), *Rational Expectations and Inflation*. Nova York: Harper Collins, 1993.

SCHLEIFER, A. "State Versus Private Ownership". *NBER Working Papers*, n. 6665, 1998.

SHILLER, R. J. *Irrational Exuberance*. New Haven: Princeton University Press, 2000.

_____. "Understanding Recent Trends in House Prices and Homeownership". *NBER Working Papers*, n. 13533, out. 2007.

SORKIN, A. R. *Too Big to Fail*. Londres: Viking, 2009.

SWOBODA, A. K. "Inflação, petróleo e crise econômica mundial". *Revista Brasileira de Economia*, v. 30, jan.-mar. 1976.

TAYLOR, J. B. "Staggered Wage Setting in a Macro Model". *AER Papers and Proceedings*, maio 1979.

"THE Rise and the Fall of Pandemic Excess Savings". *Federal Reserve Bank of San Francisco Economic Letter*, 2023.

VENTURA, A.; GARCIA, M. "Mercados futuro e à vista de câmbio no Brasil: O rabo abana o cachorro". *Revista Brasileira de Economia*, v. 66, 2012.

VIANNA, S. B. "Duas tentativas de estabilização: 1951-1954". Em PAIVA ABREU, M. (org.). *A ordem do progresso: Cem anos de política econômica republicana —1889-1989*. Rio de Janeiro: Elsevier, 1990.

WERLANG, S. R.; GOLDFAJN, I. "The Pass-through from Depreciation to Inflation: A Panel Study". Working paper, n. 5, Banco Central do Brasil, 1999.

ÍNDICE REMISSIVO

As páginas indicadas em *itálico* referem-se às ilustrações.

Ackerloff, G. A., 123
Adams, C., 59
Agências de Classificação de Risco, 17, 129, 145
"Agenda perdida", 107, 110
AIG, 130, 132
alavancagem, 126-7
Alemanha, 44, 184; criação do euro e, 139; crise financeira global (2018) e, 124; desemprego na, 139; dívidas públicas da, 17; marco alemão, 44-5
Alesina, A., 169-70
Almonacid, Ruben Dario, 72
American Rescue Plan, 191
âncora cambial: âncora monetária versus, 12-4; câmbio fixo como, 60
âncora nominal, 14, 56, 59, 71; câmbio fixo como, 14, 21-2, 24, 40; para controle da inflação, 11; inexistência no Plano Cruzado, 31; metas de inflação como, 22-3, 77; monetária ou cambial, 22
Aranha, Oswaldo, 27
Argentina, 68; dolarização na, 69
"ativos tóxicos", 133
Austrália, 110-1
Auxílio Brasil, 201-2

B3, 89, 94-5
Baht (moeda tailandesa), 48
Baker, James, 40
balanço de pagamentos, 12-3, 24, 27, 49, 55, 59, 73; crise de, 66; crise do petróleo e, 64; déficit no, durante a pandemia, 197; equilíbrio baseado nos mercados de câmbio, 83; equi-

235

líbrio do, 22, 24, 74, 208; flutuação na taxa cambial para equilibrar o, 23; superávit no, 17, 58, 147
Banco Central, 12, 34, 37, 51-2, 56, 59, 71, 76, 84, 87, 112, 163, 180; acumulação de reservas (2011) e, 148; acumulou reservas internacionais no primeiro governo Lula, 89; afrouxamento no controle da inflação pelo (governos Dilma e Bolsonaro), 208; aumento na taxa de juros (2008) e, 150; autonomia do, 77; controle da inflação pelo, 93, 96; criação do, 13; crise financeira global (2008) e, 111; depreciação do real na pandemia e, 198; dívida pública e, 105; eliminação do *overhedge* pelo, 199; como emprestador de última instância, 150; erros cometidos pelo, no início do governo Dilma, 159; FHC e, 105; no governo Bolsonaro, 178; independência do, 11, 78, 81, 108, 110, 145, 174, 203; intervenções cambiais e, 93; lançou mão da centralização cambial, 40; Lei de Independência do, 178; Letras do, (LBC), 149; medidas contra a expansão do crédito no governo Dilma, 157; mercado futuro de câmbio e, 15, 112; mudanças no, após o Plano Real, 77; opera através de swaps, 48; operação do, durante a pandemia, 115; política monetária e, 60; queda da taxa de juros e, 173; queda de credibilidade do, no governo Dilma, 159, 164-5; redução da taxa Selic na pandemia pelo, 197; e o regime de metas de inflação, 100-2; regulamentação da entrada de capitais pelo, 35; submisso no segundo mandato de Lula, 18; taxa de juros e, 19-20, 156, 167; taxa neutra de juros independente do, 204; no terceiro governo Lula, 211; na transição FHC/Lula, 87, 103; venda de dólares durante a pandemia pelo, 114; venda de dólares pelo, 53; venda de swaps pelo, 90-1, 93, 95, 112, 114-5, 168
Banco Central Europeu (BCE), 17, 118-9, 142-3; aumentou seu ativo durante a pandemia, 192
Banco da Inglaterra, 27, 44-5
Banco de Reserva da África do Sul, 166
Banco do Brasil, 12, 14, 25, 27; empréstimos ao setor privado proporcionados pelo, 58
Banco Nacional de Desenvolvimento Econômico (BNDE), 27
Banco Nacional de Desenvolvimento Econômico e Social (BNDES), 156, 161-2, 170, 172; na oferta de capital a juros subsidiados, 206
Bank of America: e a crise financeira global (2008), 131
Bear Sterns, 131
Becker, Gary, 176
Bernanke, Ben, 78, 118, 121-2, 133
Bicalho, A., 173, 179
Biden, Joe, 191
Blanchard, O., 106, 141, 191
Blinder, Alan, 131, 133, 209
Bodin, Pedro, 73
bolha do mercado de ações (2000-2), 125
bolha imobiliária (Estados Unidos), 118; como causa da crise financeira glo-

ÍNDICE REMISSIVO

bal, 16; *ver também* crise financeira global (2018)
Bolsa Família, 200-1
Bolsonaro, governo: afrouxamento no controle da inflação durante o, 208; Auxílio Brasil no, 202; Banco Central e, 178; relação dívida/PIB no, 177
Bolsonaro, Jair, 176; e o excesso de gastos visando a reeleição, 202
Bracher, Fernão, 63
Brady, Nicholas, 40
Brady Bonds, 41, 43
Bretton Woods, acordo de (1946), 21, 24, 55, 60-1
British Pound, 44
Brown, Gordon, 131-3
Bryan, M. F., 79
Buiter, W. H., 144
Bundesbank, 44
Burns, Arthur, 60

Café Filho, 27-8
Caixa Econômica, 161-2
Calvo, G. A., 57, 141
câmbio fixo: como âncora nominal, 24; regime de, 12-4, 21, 23-4, 26, 31, 34, 39, 43, 48-9, 52, 55, 60-1, 112
câmbio flutuante, regime de, 22, 27, 33, 35, 51-2, 56, 138
Campos, Roberto, 27, 30, 55
Campos Neto, Roberto, 178, 181
Canadá, 76
Cardoso, Fernando Henrique (FHC), 15; abandono da âncora cambial por, 205; apego ao regime de câmbio fixo, 54; e a emenda da reeleição, 50; e a independência do Banco Central, 79, 105; e o Plano Real *ver* Plano Real (1994); política fiscal e, 99; regime de câmbio flutuante e, 52; sucessão de, 88; *The Economist* sobre, 51; transição do governo, para o governo Lula, 76, 82, 85, 95, 97, 103, 107-8, 119
Carteira de Comércio Exterior do Banco do Brasil (Cacex), 26
Carvalho, C., 186
Casa das Garças, 183
Case-Shiller, índice, *123*, 125
Cecchetti, Stephen G., 79
"Chicago Boys", 176
Chile, 176
China, 121; investimento em títulos do Tesouro dos Estados Unidos pela, 121
Cingapura, 48
Citibank, 133
Clinton, Bill, 118
collateralized debt obligations (CDO), 129-30, 152
Comissão Econômica para a América Latina e o Caribe (Cepal), 29, 31
Comitê de Política Monetária (Copom), 163-4
commodities: preços internacionais das, 137; valorização acentuada das, entre 2002 e 2008, 147
Comptroller of the Currency, 133
confisco, 97-9, 116
congelamento de preços, planos de, 14
Congresso dos Estados Unidos, 131, 133
Congresso Nacional, 19, 28, 162; projetos de reforma fiscal do, 177
Conselho Monetário Nacional (CMN), 175
contrato de reais futuros (NDF-BRL), 94

237

Coreia do Sul, 48
Coronavirus Aid, Relief, and Economic Security Act (Cares Act), 191
covid-19, pandemia de (2020), 12, 113, 122, 166, 180, 194, 209; auxílio emergencial durante a, 200; elevação da inflação global durante a, 19; estímulos ficais dos Estados Unidos após a, 203; estímulos fiscais e monetários e a, 201; "excesso de poupanças" como efeito da, 188; reação na Europa a, 192-5; reação no Brasil à, 197-202; reação nos Estados Unidos à, 188-92; reflexo da, na economia global, 182, 185
credit default swap (CDS), 130
crise financeira global (2008), 12, 16-7, 89, 110-1, 117-44; antecedentes da, 118-30; consequências da, 134-8; consequências da, nos países europeus, 80, 118; estouro da bolha e a, 131-3; reflexo da, no Brasil, 150-1
cruzado: criação do, 66; cruzado novo e, 67; *ver também* Plano Cruzado (1986)
cruzeiro real, 32

déficit público na União Europeia, 140
Delfim Netto, Antônio, 56
derivativos, 17, 35, 93, 95, 120, 153; tentativa de regulação dos, 130
desigualdade, combate à, 203
desindexação, planos de, 14
dívida externa, 15, 63; crise da, nos anos 1980, 40, 66; Plano Brady e a, 74-5; renegociação da, 40
dívida pública, 20, 56, 67, 69-71, 85, 96; aumento da, na pandemia, 200; Banco Central e a, 105; crescimento da, em 2024, 211; déficits primários e a, 38; definição da, 104; elevada no governo Dilma, 179; espaço fiscal e a, 210; da Espanha, 119; dos Estados Unidos durante a pandemia, 191; governo Lula e a, 100; da Grécia, 17, 141; da Irlanda, 119; níveis elevados de, 15; níveis sustentáveis de, 11; queda da, nos primeiros anos do governo Lula, 145; reduzida pelo aumento dos superávits primários, 76; títulos da, 72; na União Europeia, 140; *ver também* dívida/PIB, relação
Dívida Pública Mobiliária Federal Interna (DPMFi), 175
dívida/PIB, relação, 17, 38-9, 85, 99, *105*, 108, 154, 168, 179, 186, 208; aumento de impostos e, 169; corte de gastos e, 169; na Espanha, 141; estabilização da, 179; nos Estados Unidos, 191; no governo Bolsonaro, 177; no governo Dilma, 160-1; na Irlanda, 141; na Itália, 141; limite da, conforme a categoria do país, 80; superávits como redutores da, 81-2, 106, 187; sustentável, 205
dívidas estaduais, renegociação das, 105-6
dólar, 40; enfraquecimento do (2010-1), 136; enfraquecimento pós-pandemia, 198; ingresso no país, 63, 74, 91; mercado futuro e, 48, 63, 91, 113; paridade do, com as moedas europeias, 61; paridade do, com o cruzeiro real, 33; paridade do, com o real, 33; preços atrelados ao, 15; queda do, fren-

te ao real (2002-8), 147; substitui o peso na Argentina, 68; valor do real em relação ao, 89, 95; valorização do real em 2024 e o, 210
Dooley, M. P., 121
Dornbusch, R., 57
Draghi, Mario, 119, 142, 164, 194-5
DSGE, modelo (dinâmico estocástico de equilíbrio geral), 164-5

economia brasileira: conquista o grau de investimento junto à Standard and Poor's, 145-6; controle das importações na, 22; crescimento da dívida externa na, 63; crescimento do PIB da, em 2010, 138; crise da Rússia e a, 49-51; crise do México e a, 45, 48-9; crise do Sudeste Asiático e a, 48-9; e a dívida pública controlada em 2010-1, 147; e o estoque de reservas internacionais em 2008, 121; favorecida pela conjuntura internacional em 2010, 137; favorecida pela reação dos Estados Unidos à crise financeira global (2008), 147; FMI e a *ver* Fundo Monetário Internacional (FMI); fragilidade da, 49; fuga de capitais na, 15, 81; história da, 21, 24-5, 27, 29, 31; indexação de preços e salários na, 59; ingresso de capital estrangeiro na, 26; maxidesvalorizações do cruzeiro na, 64, 65; modelo protecionista da, 26; mudanças na, no fim do segundo mandato de Lula, 154; parada brusca na, em 2002, 203; PEC da Transição e a, 201; PEC dos Precatórios e a, 201; perda de reservas e a, 46; planos econômicos e a *ver planos específicos;* Programa de Ação Econômica do Governo (Paeg-1966) da, 13; protecionismo da, 12, 30; queda nas exportações e importações após a crise financeira global (2008) e a, 151; rebaixada ao "grau especulativo" pela Standard and Poor's, 162; recessiva no segundo mandato de Dilma, 168; rede de proteção social durante a pandemia e a, 209; reflexo da crise financeira global (2008) na, 150-1; reforma cambial na, 27; reforma da previdência na, 19, 169, 177, 182; subsídios para exportações na, 57; taxa neutra de juros da, relacionada à norte-americana, 204; teto de gastos da, 169; *ver também planos específicos;* real; reservas internacionais
Economic Bulletin, 193
Economist, The, 50-1, 155
Edwards, Sebastián, 177
"efeito riqueza", 125-6, 187, 191-2, 196, 211
effective market classification, 24, 93
Emerging Market Bond Index (Embi), 42-3, 45-6, 49, 85-6, 95-6, 99, 108, 145
equação de dinâmica da dívida, 81-2, 98
equação de paridade coberta da taxa de juros, 90
Eris, Ibrahim, 72
Espanha: bolha no mercado imobiliário da, 16-7; crise financeira global (2018) e, 118, 124; crise fiscal europeia e, 142; desemprego na, 139; dívida externa da, 80; relação dívida/PIB na, 141

Estados Unidos, 60, 184; bolha imobiliária dos, 123-4; déficits nas contas-correntes dos, em 2008, 121; e a inflação durante a pandemia, 195; reação dos, à crise financeira global (2018), 111; relação dívida/PIB nos, 191
estagnação, 30; "global", 186
EUBills, 144, 194
EUBonds, 144, 194
euro, 119, 138
eurobonds, 93
Europa, 61; crise fiscal na, 138-44; *EUBills* e, 144; *EUBonds* e, 144; "Fiscal Compact" (2011) e, 142; NextGenerationEU (NGEU) e, 144; Support to Mitigate Unemployment Risks in an Emergency (Sure) e, 144; união de países em regime de metas de inflação na, 76; união fiscal na, 139, 144; união monetária na, 138; *ver também países específicos;* União Europeia
"excesso de poupanças": como efeito da pandemia, 188
expansão fiscal: na Europa durante a pandemia, 193; nos Estados Unidos durante a pandemia, 191
exportações: "operações vinculadas" em, 25; queda das, após a crise financeira global (2008), 151; subsídios para, 57

Fannie Mae, 126-9; Federal Reserve e, 135; insolvente, 131
Fator de Ponderação de Risco (FPR), 158
Favero, C., 169-70

Federal Deposit Insurance Corporation (FDIC), 133
Federal Reserve, 16, 60, 117, 166; crescimento de ativos durante a pandemia, 189-90; e a crise financeira global (2008), 131-2; estudo sobre os efeitos da pandemia, 188; expansão do ativo no início da crise financeira global (2008) pelo, 135-6; taxa de juros e, 122
Ferguson, Niall, 121
Ferrero, A., 186
FHC *ver* Cardoso, Fernando Henrique (FHC)
Financial Times, 210
Finlândia, 76
Fiscal Monitor, 193
Fischer, Stanley, 22, 49, 52, 75, 80, 183-4
FMI *ver* Fundo Monetário Internacional (FMI)
Focus, pesquisa, 79, 179, 182
Folkerts-Landau, 121
Fraga, Armínio, 73, 103
França: criação do euro e, 139
Franco, Gustavo, 51
Freddie Mac, 126-9; Federal Reserve e, 135; insolvente, 131
Frenkel, Jacob, 58, 209
Friedman, Milton, 69, 77-8, 117-8, 164, 176
fuga de capitais, 15, 81
Fundo Garantidor de Crédito, 151
Fundo Monetário Internacional (FMI), 27, 30-1, 40-2, 52-3, 84, *105*; acordo do tripé da política macroeconômica e, 107; acordo na transição FHC/Lula e, 103, 108, 145; dívida pública e, 104; e a maxidesvalorização do

ÍNDICE REMISSIVO

cruzeiro, 64; e a transição FHC/Lula, 88; moratória mexicana decretada pelo, 64; Plano Real e, 75, 79; sobre a atuação europeia na pandemia, 193; suspensão do pagamento de juros sobre a dívida externa e, 66; tripé da política macroeconômica e, 82
fundo soberano no governo Dilma, 160

G7: crise financeira global (2008) e, 131
Galbraith, J. K., 120, 152
Garber, P. M., 121
Garcia, Márcio, 113
Garotinho, Anthony, 107
gastos tributários, 154, *155*
Geisel, Ernesto, 62-3
Geithner, T., 126, 133
Giavazzi, F., 141, 169-70
Glass-Steagall Act, 118; revogação do (1999), 128
Goldfajn, Ilan, 84, 173, 179-80
Goldman Sachs, 133
Gomes, Ciro, 107
Gouveia de Bulhões, Otávio, 55
Grande Depressão, 118
Great Moderation, 16-7, 111, 120
Grécia: crise de dívida soberana da, 164; dívida pública da, 17, 141; fraude na dívida pública da, 141
Greenspan, Alan, 111, 117-8, 122, 128, 196
Grigoli, F., 185
Gros, D., 59
Grupo dos 30, 209-10
Gudin, Eugênio, 27
Guedes, Paulo, 176, 182; preferência de, por um imposto sobre transações financeiras, 178

Haddad, Fernando, 211
Hart, O., 171
Hayek, Friedrich von, 44, 117
hiperinflação, 22, 70
hipotecas subprime, 128-9
História monetária dos Estados Unidos (Friedman e Schwartz), 118
Holston, K., 184-5
Hungria, 76

importações: controle das, 22; queda das, após a crise financeira global (2008), 151
"imposto inflacionário", 207
Imposto sobre Circulação de Mercadorias (ICM), criação do, 56
Imposto sobre Operações Financeiras (IOF), 34, 93
Imposto sobre Produtos Industrializados (IPI), criação do, 56
indexação de preços e salários, 14, 59
Índice Geral de Preços — Disponibilidade Interna (IGP-DI), 66
Índice Nacional de Preços ao Consumidor Amplo (IPCA), 79, 95, *102*, 162
inflação: aumento na crise financeira global (2008), 150; aumento no Brasil durante a pandemia, 200; controlada no início do Plano Real, 75; controlada pela taxa de juros, 35; controle da, 59; crescimento e explosão nos anos 1980, 64, *65*, 66, 68, 70; global durante a pandemia, 195, *196*; como imposto, 69; indexação de preços, salários e contratos como causa da, 66; Letras do Banco Central como instrumento de controle da, 72; meta da, 20; taxa de

juros e, 77; taxa de juros versus, 46, 47; *ver também* metas de inflação, regime de

"inflação inercial", 13, 56; indexação de preços e salários e, 59

Inglaterra, 44

Instituto Brasileiro de Geografia e Estatística (IBGE), 79

Instituto de Pesquisa Econômica Aplicada (Ipea), 30

Irlanda: bolha no mercado imobiliário da, 16; crise financeira global (2018) e, 118, 124; dívida externa na, 80; relação dívida/PIB na, 141

Issler, J. V., 38, 67

Itália: crise fiscal europeia e, 142; dívida pública da, 17, 119; e lira italiana, 44; relação dívida/PIB na, 141; suporte da União Europeia à, 194

J. P. Morgan, 42, 131-3

Japão, 184

Johnson, H. G., 58

Kay, John, 182

Keynes, J. M., 69

Kindelberger, C. P., 123

King, Mervin, 182

Klein, N., 166

krona (moeda sueca), 43-4

Krugman, P. R., 39

Kubitschek, Juscelino: política econômica de, 28-9, 31

Lagarde, Christine, 210

Lamont, Norman, 44

Larrain, F. B., 39

Laubach, T., 78, 184-5

Lehman Brothers: quebra do banco, 131, 141

Lei de Gresham, 69

Lei de Responsabilidade Fiscal, 18, 76, 106, 148-9, 162-3, 205

Leigh, D., 166

Leigh-Pemberton, James, 44-5

leilões de câmbio, 25

Letras do Banco Central (LBC), 72-3, 77, 149

Levy, Joaquim, 161

Lewis, Arthur, 31

liberalismo, 117

Libor, taxa, 90-1

libra esterlina, 44

Lima, L. R. O., 38, 67

lira italiana, 44

Lisboa, Marcos, 107

longer term refinancing operations (LTRO), 143

longevidade da população: crescimento da, 186

Lopes, Lucas, 30

Lorenzoni, Guido, 141

Lucas, Robert, 120

Lula da Silva, Luiz Inácio: afrouxamento das metas de superávit primário no governo de, 208; campanha presidencial de (2002), 107; dívida pública e governo de, 100; governo de, favorecido por fatores internacionais, 109; mudanças na política econômica no fim do segundo mandato de, 154; preocupação do mercado com a possível eleição de, 85; primeiro mandato de, 17; saída de Palocci do ministério durante o governo, 154; segundo mandato de, 18; temor de confisco no governo de, 15; transição do governo FHC para o governo, 97, 103

Maastricht, Tratado de, 140
Malan, Pedro, 75, 103, 107
Malásia, 48
Mallaby, Sebastian, 44
Mantega, Guido, 154; criação do fundo soberano por, 160; como ministro de Dilma, 160; deixa o ministério de Dilma, 161
marco alemão, 44-5
Massachusetts Institute of Technology (MIT), 52
Meira, Lúcio, 30
Meirelles, Henrique, 103, 108, 145
mercado, autorregulação do, 128
mercado de *bonds*, bolha no, 16
mercado de câmbio (no Plano Real), 33
Merril Lynch, 131, 133
Mesquita, M., 150
metas da inflação, regime de, 22-3, 75-8, 82-4, 96, 109; credibilidade do governo e, 158-9; riscos de recessão, 102
metas de inflação com câmbio flutuante, regime de, 11, 14, 21, 52, 54, 168
México: crise do (1994), 13, 45; moratória do (1982), 64
Mian, A., 125
Mishkin, F. S., 78
modelos aplicados na economia, 77
moeda: criação do cruzado, 66; cruzado novo, 67; cruzeiro real, 32; *ver também* real

Monetary History of the United States, A: 1867-1960 (Romer e Romer), 164
moral hazard [risco moral], 131, 153
Moreira, Marcílio Marques, 75
Morgan Stanley, 133
Mortgage-Backed Securities (MBS), 125, 127-30, 152
"movimento de manada", 96
Mundell, Robert, 24, 32, 93, 138
Mundell-Fleming, modelo, 24, 60

Nasdaq, bolha da, 120
National Bureau of Economic Research (NBER), 101
Nechio, F., 186
neoliberalismo, 176
New York Times, The, 117
NextGenerationEU (NGEU), 144, 194
Nixon, Richard, 60
Notas do Tesouro Nacional série B (NTN-B), 170, 206
Nova Matriz Macroeconômica (governo Dilma), 168
Nova Zelândia, 76
neo-keynesianos, 165

Obstfeld, M., 39
"operações vinculadas" em exportações, 25
Organização dos Países Exportadores de Petróleo (Opep), 60
Organização Mundial da Saúde (OMS), 182
Organização para a Cooperação e o Desenvolvimento Econômico (OCDE), 169
Orphanides, A., 174

Paes de Almeida, Sebastião, 30
Pagano, M., 141
Palocci, Antonio, 107-9; deixa o ministério de Lula, 154
pandemia *ver* covid-19, pandemia de (2020)
parada brusca, 15, 96, 100, 104, 119, 142, 151
paridade de poder de compra (PPP), 57-8
Pastore, Affonso Celso, 67
Paulson, Henry, 131, 133
PEC da Transição, 201
PEC dos Precatórios, 201
perda de reservas, 46
Perrelli, R., 173, 179
petróleo, crise do (1973), 60, *62*, 63-4
Phelps, E. S., 77
Philips, curva de, 77
PIB, 13; crescimento baixo do, 81; potencial, 20; *ver também* dívida/PIB, relação
Plano Brady (1989), 15, 40-1, 75
Plano Bresser (1987), 67
Plano Collor (1989), 70-1; fracasso do, 73
Plano Cruzado (1986), 31, 66-7
Plano Nacional de Desenvolvimento, segundo (II PND), 63
Plano Real (1994), 12, 14, 21-2, 31-8; controle da inflação no, 75; mercado de câmbio no, 33; primeira fase do, 24; segunda fase do, 24; separação das funções da moeda no, 32; sucesso do, no controle da inflação, 60
Plano Verão (1989), 67
"planos heterodoxos", 11, 14, 32, 59, 71
Platzer, J., 185

política econômica: favorecimento do setor industrial pela, 22, 27, 31; regime de, 11, 13; transição FHC/Lula e, 97; *ver também* economia brasileira
política fiscal, 49
política monetária, 11-4, 19, 22-5, 27, 32, 49, 55, 58, 60, 72, 87, 124; ajuste fiscal e, 76; do Banco Central Europeu, 210; combate à inflação e, 34; contracíclica nos Estados Unidos, 192; crise fiscal na Europa e, 142; do Federal Reserve, 210; no governo Dilma, 156, 159, 163, 167; no mundo antes de 2008, 134; norte-americana, 111; recessão provocada pela, 164; restritiva, 34, 150, 197, 208, 211; na transição FHC/Lula, 88; *ver também* economia brasileira
Polônia, 76
Portugal: dívida pública de, 119
Posen, A. S., 78
Powell, Jerome, 210
Prebisch, Raul, 29
Prescott, Edward, 165
privatização versus *estatização*, 171
Programa de Ação Econômica do Governo (Paeg-1966), 13, 21, 26
Programa de Incentivo à Redução do Setor Público Estadual na Atividade Bancária (Proes), 105
Promessas de Venda de Câmbio (PVC), 25-6
protecionismo, 12, 30
put, operação, 93

quantitative easing (QE), 135-6

ÍNDICE REMISSIVO

Rachel, Lukasz, 185-7
Rahbari, E., 144
Rajan, Raghuram, 127, 209
real: contrato de reais futuros (NDF-
-BRL), 94; cotado em dólares, 89,
95; depreciado na pandemia, 197,
198; desvalorizado na crise financeira global (2008), 150; nascimento do, 33; paridade do, com o dólar, 33; valorizado acima do dólar, 36; valorizado frente ao dólar (2010-1), 136; volatilidade do, 111; *ver também* Plano Real (1994)
recessão, risco de, 23
rede de proteção social: ampliada durante a pandemia, 209
reforma administrativa, 169
reforma cambial, 27
reforma da previdência, 19, 169, 177, 182
regimes cambiais, 21
Reinhart, C., 57, 80
Reino Unido, 27, 76, 184; crise financeira global (2018) e, 124; e a inflação durante a pandemia, 195
renda per capita, elevação da, 29
responsabilidade social, das empresas, 117
República Tcheca, 76
reservas internacionais, 13, 24, 47, 53, 87, 151; acumulação de, 18; elevadas no primeiro mandato de Lula, 89; estoque de, pré-crise de 2008, 121; níveis de, 14; queda das, 73
responsabilidade fiscal, 83, 88, 104, 110-1; *ver também* Lei de Responsabilidade Fiscal
risco sistêmico, 126
Roache, S. K., 173, 179
Rogoff, K., 77, 80

Romer, Paul, 164-5
Rousseff, Dilma, 18, 156: afrouxamento das metas de superávit primário no governo de, 208; aumento da dívida pública no governo de, 179; Banco Central no governo de, 165; erros e perda de credibilidade do Banco Central no governo de, 159; impeachment de, 18, 168; Nova Matriz Macroeconômica e, 168; política econômica no governo de, 160; política monetária no governo de, 156, 159, 163, 167; recessão no governo de, 208; reeleição de, 167; relação dívida/PIB no governo de, 160-1
Rússia, crises da: 1989, 36; 1998, 49, 51, 53

Sargent, T. J., 106, 207
Savastano, M., 80
Scheinkman, José Alexandre, 107
Schiller, R. J., 123
Schleifer, A., 171
Schlesinger, Helmut, 45
Schwartz, Anna, 118, 164
Secretaria do Tesouro Nacional, 14, 56, 71, 105
Securities Market Programme (SMP), 142
Senado dos Estados Unidos e a crise financeira global (2008), 133
senhoriagem, 38, 67, 81
Serra, José, 107
Simonsen, Mário Henrique, 63
sistema bancário: antecedentes da crise financeira global (2018) e, 124
sistema financeiro, lucros exagerados no, 128
Smets, Frank, 165

Sociedade Mont Pelèrin, 117
"sonho americano", desaparecimento do, 128
Sorkin, A. R., 131, 133
Soros, George, 44
Standard and Poor's, 146, 162
Stigler, George, 176
subsídios para exportações, 57
Sudeste Asiático, crise do (1997), 13, 48-9
Suécia, 43, 76
Sufi, A., 126
Summers, Larry, 49, 122, 185-7, 210
sunspot, 15, 96, 99, 103, 119, 142
superávit primário, 11; metas do, 76, 108; relação dívida/PIB e, 187; no segundo governo de Lula, 154
Superintendência da Moeda e do Crédito (Sumoc), 25-6, 56
Support to Mitigate Unemployment Risks in an Emergency (Sure — programa europeu de crédito às empresas), 144, 194
swaps, 89; cambiais, 49, 90-5, *92*, 112, 114, 168; de DI, 90; reversos, 115, 199

Tailândia, 48
taxa de desemprego, 13, 23
taxa de fertilidade: queda da, 185
taxa de juros, 49; crescimento econômico versus, 38; inflação e, 35, 46, 47, 77; neutra, 19-20, 81, 114, 122, 146, 161, 166, 172-3, 178-9, *180*, 182, 184-5, 187, 191-2, 196-7, 203-4, 206, 209, 211; nos países europeus, 45; Selic, 46, 47, 74, 85, *86*, 101, 103, 106, 114, *146*, 150, 156, *158*, 159, 162,
166-7, 173-4, 180, *181*, 197; sucessivos aumentos da, em 2011, 163
Taxa de Juros de Longo Prazo (TJLP), 170
Taylor, John B., 57
Taylor, regra de, 174
Telebras, 51
Temer, Michel, 18; correções na política econômica no governo de, 208; teto de gastos no governo de, 169, 174, 177, 179, 182, 200-3, 206
Tesouro dos Estados Unidos, 41-2, 49
teto de gastos, 169, 174, 177, 179, 182, 200-3, 206
Thatcher, Margareth, 44
Tietz, R., 185
Tombini, Alexandre, 163
Torós, M., 150
Tribunais de Contas dos estados, 163
"tripé da política macroeconômica", 11-2, 14, 17, 20, 34, 84-116, 155, 208-9; acordo com o FMI sobre o, 107; mantido por Lula, 108; origem do, 83
"Trouble with Macroeconomics, The" (Romer), 164
Troubled Assets Relief Program (TARP), 133
twist, operação, 135-6

Ucrânia, guerra da, 195, 200
União Europeia: trasferência de renda às famílias durante a pandemia na, 193-4; *ver também* Europa; *países específicos*
Unidade Real de Valor (URV), 33, 51

vector autorregretion (VAR), 102, 107

Végh, C., 57
Velasco, A., 39
Veloso, João Paulo, 63
Vishny, R. W., 172
volatilidade, 110-1, 113, 115
Volcker, Paul, 64

Wallace, N., 106, 207
Washington Mutual, 132
Weber, Axel, 209

Wells Fargo, 133
Werning, Iván, 141
Whitaker, José Maria, 27
Wicksell, Knut, 184
"Will Brazil Be Next?" [O Brasil será o próximo?] (*The Economist*), 50
Williams, J., 174, 184-5
Wouters, Rafael, 165

yield, 69-70, 45, 122, 189

TIPOLOGIA Miller e Akzidenz
DIAGRAMAÇÃO Osmane Garcia Filho
PAPEL Pólen Natural, Suzano S.A.
IMPRESSÃO HRosa, junho de 2024

A marca FSC® é a garantia de que a madeira utilizada na fabricação do papel deste livro provém de florestas que foram gerenciadas de maneira ambientalmente correta, socialmente justa e economicamente viável, além de outras fontes de origem controlada.